Premiere Collection

スピノザの観念説

榮福真穂
Maho Eifuku

京都大学学術出版会

京都からの発信

京都大学には、戦前の西田哲学に始まり、史学、文学、経済学、民俗学、生態学、人類学から精神医学にまで及ぶ極めて広汎な人文・社会科学の領域で、独創的な研究が展開されてきた長い歴史があります。今日では広く京都学派と呼ばれるこの潮流の特徴は、極めて強烈で独創的な個性と強力な発信力であり、これによって時代に大きなインパクトを与えてきました。

今、全世界が新型コロナ感染症パンデミックの洗礼を受けていますが、この厄災は人々の健康と生命を脅かしているのみならず、その思考や行動様式にも大きな影響を与えずにはおきません。時代はまさに、新しい人文・社会科学からの指針を求めているといえるのではないでしょうか。世界では、イスラエルの歴史家ユヴァール・ノア・ハラリやドイツの哲学者マルクス・ガブリエルなどの若い思想家達が、この状況に向けて積極的な発信を続けています。

プリミエ・コレクションは、若い研究者が渾身の思いでまとめた研究や思索の成果を広く発信するための支援を目的として始められたもので、このモノグラフの出版を介して、彼らに文字通り舞台へのデビュー(プリミエ)の機会を提供するものです。

京都大学は指定国立大学法人の指定に当たって、人文学と社会科学の積極的な社会への発信を大きなミッションの一つに掲げています。このコレクションでデビューした若手研究者から、思想と学術の世界に新しい個性的なスターが生まれ、再び京都から世界に向けてインパクトのある発信がもたらされることを、心から期待しています。

第27代　京都大学総長　湊　長博

まえがき

二〇二三年七月八日、私はオランダ北東の小都市フローニンゲンでのサマースクールに参加したのち、デン・ハーグを訪れていた。一七世紀オランダに生きた哲学者、バルーフ・デ・スピノザが最期に住んだ家を訪れるためである。今日では「スピノザハウス」と呼ばれ、小さな資料館のようになっているその場所で、私は一枚の地図に出会った。その地図は、近世オランダの主要都市を結ぶ運河を示したもので、運河に沿って、いくつか点が打たれている。点が打たれた場所は、まさしくスピノザが住んだ場所であった。スピノザは何度も転居を繰り返したが、必ず運河沿いに住んでいたのである。運河沿いを選んで住むということが何を意味するか、スピノザハウスの管理人が説明してくれた。それは、スピノザが同時代の知識人たちとの議論や交流を重視していたことを意味するのだと。近世において、手紙のやりとりは主要な、というよりほぼ唯一の遠隔コミュニケーションツールであり、運河沿いに住むことで、これをスムーズに行うことができたのである。管理人のおじいさんがお世辞にも流暢とは言えない英語で語ってくれた説明を、こちらも拙いリスニング能力でなんとか聴き取ったのだった。

この説明を聞いて初めて腑に落ちたことがある。「孤高の」としばしば形容されるスピノザは、しかし、独りで思索していたわけではない、ということだ。このことは、彼が残した多くの書簡や、彼がしばしば哲学サークルに足を運んでいたという伝記的事実からしてすでに明らかである。スピノザは、多くの同時代人たちと直接顔を合わせて、あるいは書簡を通じて間接的に議論していく中で、自らの思想を練り上げていったのだ。そのことを、デン・ハーグで地図の前に立って初めて、私は実感を伴って理解したのである。

本書を出版するにあたり、全体の内容を見渡したとき、あの地図のことが頭に浮かんだ。そこで私は、表紙に運河のイメージを据えることに決めた。本書は、スピノザを単独で扱うのではなく、近世哲学史の流れの中で扱うことを試みている。私は先に、スピノザは独りで思索していたわけではなく、同時代人たちと交流をもっていたと述べた。スピノザがそのなかで自らの思想を練磨していった多くの「対話」は、直接的な接触だけにとどまらない。たとえば、スピノザはデカルトと直接やり取りしたことはないが、彼にとってデカルトは、最も重要な対話相手の一人であったといえるだろう。本書で私は、スピノザがデカルト哲学から何を受け取り、そこからどのように独自の思想をつくり上げたのか、「観念」というタームに絞って明らかにしようと試みている。読者のみなさんにも、そうした「流れの中のスピノザ」、ひいては哲学史を探究することの妙味を感じていただければ幸いである。

目次

第二部　観念の存在——観念の二面性の継承から平行論の成立へ

凡例

＊スピノザの著作についてはゲプハルト版を使用している。

Gebhardt C. (ed.), *SPINOZA OPERA*, Carl Winter, Heidelberg, 1925.

＊『エチカ』からの引用に際しては、慣例に倣って略号を用いた。まず部をアラビア数字で、定義・公理・定理等を略号で、定義等の番号をアラビア数字で示し、必要ならば系・備考等を略号で併記した。本章が用いた略号は以下の通りである。ax＝公理（axioma）、c＝系（corollarium）、d＝証明（demonstratio）、def＝定義（definitio）、e＝説明（explicatio）、p＝定理（propositio）、s＝備考（scholium）。たとえば、「E2p49s」は「『エチカ』第二部定理四九備考」を意味する。

＊『エチカ』以外の著作は基本的に略号によって表記している。著作タイトル、原題、略号を以下に示す。

『知性改善論』（Tractatus de intellectus emendatione）（略号 TIE）

『神、人間、およびその幸福についての短論文』（Korte verhandeling van God, mensch, en deszelvs welstand）（略号 KV）

『デカルトの哲学原理』（Principia philosophiae cartesianae）（略号 PPC）

「形而上学的思想」（Cogitata metaphysica）（略号 CM）

*訳出の際には以下の邦訳および外国語訳を参照しつつ、適宜表現を変更している。
畠中尚志訳『知性改善論』、岩波書店、一九三一年（一九六八年改訳）。
畠中尚志訳『エチカ』、岩波書店、一九五一年。
畠中尚志訳『神、人間及び人間の幸福に関する短論文』、岩波書店、一九五五年。
畠中尚志訳『デカルトの哲学原理』、岩波書店、一九五九年。
佐藤一郎訳『知性改善論　神、人間とそのさいわいについての短論文』、みすず書房、二〇一八年。
上野修訳『スピノザ全集Ⅲ　エチカ』、岩波書店、二〇二二年。
上野修訳『スピノザ全集Ⅴ　神、そして人間とその幸福についての短論文』、岩波書店、二〇二三年。
Spinoza, B., *The Collected Works of Spinoza*, vol. 1, translated and edited by Curley, E., Princeton University Press, 1985.
———, *Etica*, tradotto da Gaetano Durante, Nota di Giovanni Gentile, rivedute e ampliate di Giorgio Radetti, Bompiani, 2007.
———, *Œuvres I Premiers écrits*, édition publiée sous la direction de Pierre-Francois Moreau, PUF, 2009.
———, *Éthique*, traduit par Bernard Pautrat, Points, 2014.
———, *The Collected Works of Spinoza*, vol. 2, translated and edited by Curley, E., Princeton University Press, 2016.

*デカルトの著作については、Descartes, R., *Meditationes de Primâ Philosophia*, in Œuvres de Descartes, Adam, C. et Tannery, P. (ed.), Vol. vii, Vrin, 1996. を用い、慣例に倣って「AT, 巻数, ページ数」と略記し

た。

＊訳出の際には以下の訳書を参照しつつ、適宜訳語を変更している。
山田弘明訳『省察』、筑摩書房、二〇〇六年。

所雄章訳『増補版　デカルト著作集2　省察および反論と答弁』、白水社、一九九二年。

桂寿一訳『哲学原理』、岩波書店、一九六四年。

谷川多佳子訳『情念論』、岩波書店、二〇〇八年。

また、使用する訳語の吟味のために、桝田啓三郎訳『デカルト　世界の大思想7』、河出書房、一九六五年。

およびデカルト『省察』井上庄七・森啓訳、『世界の名著』、中央公論社、一九六七年も参照した。

＊アルノーの著作はSimon, J.（ed.）, *Œuvres philosophiques de Antoine Arnauld*, Charpentier, 1843. を用いる。
引用においては、これをOPAと略記し、ページ番号をアラビア数字で併記する。

＊マルブランシュの著作は*Œuvres complètes de Malebranche*, Robinet, A.（ed.）, Vrin, 1958-1965. を用いる。
引用においてはこれをOCと略記し、巻数をローマ数字で、ページ番号をアラビア数字で併記する。

＊引用中の［　］は引用者による挿入を表す。また、下線や（a）、（B）といった符号も引用者によるものである。

序論

第一節　「イデア／観念」の歴史的変遷

「観念」、あるいはむしろ英単語のアイディア（idea）というと、現代では、私たちが心の中に抱く「考え」や「イメージ」、まさに「アイデア」に相当するものとして理解されている。この語の由来は古代ギリシャのプラトン哲学へと遡ることができるが、しかし、そこでの「イデア」はまったく異なる意味を持っていた。つまり、イデアないし観念（idea）という語は古代から現代に至るまでに大きな意味の転換を経験しているのである。では、この語はいつ、どのように意味を変じてきたのだろうか。

ここで、プラトンに遡り、イデア／観念の辿ってきた意味の変遷を簡単に跡づけてみよう。藤沢によれば、プラトンの「イデア」は、初期対話篇においては「正しさ」などの倫理的価値の基準となるものであったが、中期には「大きさ」「健康さ」など必ずしも倫理的でない言葉にも拡大された。これによりイデアは、美や強さや健康などの比較考量が成り立つための「自然万有の理解全般を導く基本原理」へと一般化される（藤沢 1998, pp. 92–93.）。このように、中期対話篇までの「イデア」は、私たち人間の認識を説明するために持ち出されたものであったといえる。これに対し、後期対話篇である『ティマイオス』における「イデア」は、この宇宙の創造という局面において登場する。プラトンはそこで次のように論じる。もし何らかのものの造り主が、イデアを範型に用いるならば、そのものは美しく（立派であり）、生成消滅するものを範型に用いるならば、そのものは美しくない（立派でない）。この宇宙の造り主は原因のうちの最善のものなので、この宇宙は前者を範型にしていることは明らかである、というのである（藤沢 1998, pp. 187–188.）。

このような「範型」としてのイデアは、古代後期に興った新プラトン主義を経て中世西欧世界に受け継がれた(1)。いわゆる盛期スコラを代表するトマス・アクィナス、後期スコラのドゥンス・スコトゥスやオッカムのウィリアムから近世スコラのスアレスにいたるまで、多くのキリスト教神学者たちにおいて同様の用法が見られる。村上によれば、彼らの思想におけるイデアの中心的意味は「範型」であり、キリスト教の神による世界創造に先立ってのイデア認識において主に用いられていた（cf. 村上 2004, pp. 133–144.）。つまり、神は世界を創造するより前に、その知性の内に諸事物のイデアすなわちモデルをもっており（あるいは認識しており）、それに即して実際の諸事物を創造したというのである。ここで注目したいのは、これらのスコラ哲学におけるイデアは神の知性の内にあるもの、あるいは神の知性が対象とするものであり、決して人間知性が関与するようなものではなかったということである。

こうして、プラトンの対話篇においてはじめは人間の認識にかかわるものであったはずの「イデア」は、後期の『ティマイオス』において造物主による事物の創造の際に「範型」の役割を果たすものとなる。そして、その後のキリスト教神学の主流に受け入れられたのは、後者に由来する世界創造に先立つ「範型」としてのイデアであった。

こうした中世までの「イデア」理解に対して、現在の「考え」や「イメージ」としての「アイディア（idea）」に繋がる転換点となったのが、近代哲学の祖とも言われるデカルト（René Descartes, 1596–1650）である。イデア／観念の概念史におけるデカルトの意義を強調する解釈は、研究史上では定説といってよいだろう。たとえばアリューとグリーンや村上は、中世スコラ哲学における認識理論からの連続性を踏まえつつも、やはりデカルトを大きな転換点の一つとして位置づけている（Ariew & Grene 1995；村上 2004）。では、デカルト以降の「観念（idea［羅］）」はいかなる点で新しいと言えるのか。それは、「観念」が神の知性のみが関わるものではなく、人間知性もまた認識したり形成したりするものとして捉えられるようになったことだ。神から人間へ、という点では、プラトンの中期対話篇までにおける「イデア」概念の復興であるとも言えよう。しかし他方で、デカルトと（中期対話篇までの）プラトンとの間には大きな相違もある。それは、デカルトにおける「観念」は、「自然万有の理解全般を導く基本原理」といった、「基準」としての意味を持たず、心に思い描くもの一般を広く意味するということである。たとえば、ビュゾンとカンブシュネルによれば、「デカルトは精神のはたらきがそれによって直接的に遂行されるようなものすべてを「観念」と呼んだ最初の著者である」という（Buzon & Kambouchner 2011, p. 52）。ここでの「転換」のポイントは、「イデア／観念」による認識の適用範囲が神的知性から人間知性へと引き下ろされ、それに伴い、必ずしも真なる観念であるとは限らない、認識一般に関わるものへと拡大されたことにあると言える。それゆえ「イデア／観念」はここにおいて、私たちが抱く「考え」や「イメージ」、まさに「アイデア」に相当するような現代の用法に通ずる意味内容を初めて獲得したのだと言ってよいだろう。そしてこのような、人間の認識に関わるものとしての新しい「観念」の用法は、デカルト哲学のみに留まるものではなく、デカルト以降の近世哲学において広く共有されることとなる。

第二節　観念説と観念論――「近世」という時代の特殊性

このような経緯を持つ「観念」は、一七世紀哲学における最重要概念と言っても過言ではない。ロック

（1）アリューとグリーンによれば、古代後期のラテン語辞典に「イデア（idea）」の項目がある。cf. Ariew & Grene 1995, pp. 88–89.

(John Locke, 1632–1704) やマルブランシュ (Nicolas de Malebranche, 1638–1715) らポスト・デカルトの哲学者たちはみな、デカルトの用いた「観念」に多くを負いつつも、それぞれ独自の意味に改変しつつこの概念を自らの認識論・形而上学の中枢に据えている。たとえば山田は以下のように述べる。「一七世紀の哲学において観念 (idea) という言葉は独特な重いひびきを持っている。[……] だが同時に、観念は多義的でもある。[……] 同じ観念でも、スピノザとライプニッツでは異なる意味の投影があるし、マルブランシュとデカルトでもニュアンスに違いがある」(山田 1998, p. 10)。一七世紀の哲学者たちは、「観念」という登場したばかりの新しい道具を各々が自らで陶冶しつつ、それを用いて自らの思想を表現しようとした。それゆえこの主題を扱った研究蓄積は厚く、英語圏で「観念説 (theory of ideas)」と呼ばれる近世哲学研究上の一つの小ジャンルをなすほどである。(2) 「観念説」について、ナドラーの表現を借りつつ規定するならば、それは一七世紀の、「精神における表象を観念と呼ぶ点で一致する」(Nadler 1989, p. 4) 哲学者たちによる、観念という語を中心的に用いつつ「精神と世界とはどのように出会うのか」(Nadler 1989, p. 3) という問いに答えようとする理説のことである、と差し当たり言えよう。観念説研究は多くの優れた哲学史家によって取り組まれてきたが (e.g. Schuurman 2004, 神野 2011)、筆者もまた、それらの研究に多大な重要性と魅力を感じる者の一人である。

ここで、「観念説」と似た言葉である「観念論 (idealism)」との違いについて説明しておくべきだろう。まさしくこの問題を主題とする佐藤義之ら編『観念説と観念論――イデアの近代哲学史』においては、両者の違いについて次のように言われている。

端的に言えば、この両概念［観念説と観念論］の重なりとズレの中にこそ、西洋近代哲学の具体的な展開はあるからである。両者はともにプラトン (Platon, 427–347BC) の「イデア (idea)」に遡源するが、この語は近代初頭、とりわけデカルトおよびロック（John Locke, 1632–1704）によって、〈心の中の観念（idea）〉という新たな位置づけを得る。そして以降、立場の別なく哲学の共通理論として受容されたデカルト―ロック由来の「観念」語法が「観念説」であり、その内部で左右に大きく振れる当の「観念」解釈の一方の極をなすのが「観念論」であった（佐藤ほか（編）2023, pp. 1–2.)。

『観念説と観念論』序論における観念論は、いわゆるドイツ観念論に代表される、近代以降の思潮をも射程に入れたものである。序論の著者である松枝・渡邉によれば、ドイツ観念論もまた、デカルト―ロック的な観念説の「一方の極をなす」ものであるという。しかし、上述のナドラーが言う意味での「観念説」に定位するならば、それは近代以降の観念論の伝統に直接流れこんでいるというより、むしろ近世に固有の問題系を示しているように思われる。筆者がこのように考えるのは、次のような歴史的展開に鑑みてのことである。

先述のように、デカルトのもたらした転換が非常に大きなものであることは疑いないが、近代以降の哲学史の流れにおいて、一七世紀的な観念説からの直接的な連続性を見出すことは難しい。というのも、「観念（idea）」という語、あるいはむしろドイツ語の「イデー（Idee）」という語は、カント以降、「観念」というよりも「理念」と訳すべきものに意味を変じ、デカルトの用法とはまったく異なる仕方で用いられるようになるからである。その契機となったカントによる、『純粋理性批判』の一節を見てみよう。

［……］哲学を心にかける人々に、［……］理念という用語をその根源的な意味にしたがって守るようお願いす

（2）この「観念説（theory of ideas）」という表現自体は、ロックからヒュームに至る「観念」という語を用いた認識論を批判するために、トマス・リードが用いたのが初出だと考えられている（cf.『観念説と観念論』序章, p. 12）。しかし現在では、必ずしも批判的な含意があるわけではなく、「立場の別なく哲学の共通理論として受容されたデカルト―ロック由来の「観念」語法」（ibid., p. 2）をニュートラルに意味するものとなっている。

る。それは、この用語が、一般には雑多な表象様式を軽率にも無秩序に表示している残余の諸用語の間にまぎれこんで、そのさい学に損傷をあたえることが、今後ないようにするためである。というのも、私たちには、あらゆる表象様式に適切に適合する名称がないわけではないからであって、私たちは、他の表象様式の所有権を侵害する必要はないのである。［……］ひとたびこの区別に慣れてしまった人は、赤い色の表象を理念と名づけるのを聞くのは、耐えがたいことであるにちがいない。赤い色の表象は概念（悟性概念）とすら名づけられえないのである。（A319–320/B376–377、傍線強調は引用者）

このようにカントは、「イデー（Idee）」という語の根源的な意味を守るように主張したのである。つまり、一七世紀において「観念」と訳されるような、主に「心の中の表象」を意味してきた「イデー」という語を、ふたたびプラトン的な「イデア」に返還すべきだということだ。傍線部に着目しよう。ここでは、イデア／理念（Idee）と表象（Vorstellung）とを取り違えることに対して批判が向けられている。この批判の背景には、デカルトからロック、ヒュームに至る系譜における「idea（羅／英）」を、ドイツ語では「表象（Vorstellung）」と訳すことを一八世紀前半にヴォルフが定めた、という事情があるだろう（石川 2014, pp. 515–516）[3]。石川文康はこうした事情を踏まえ、「フォアシュテルング（Vorstellung）」を「観念」と訳している。ここでのカントの批判は、一七世紀的な「観念」概念に広く向けられていると言えよう。そしてカントの目論見通り、以降のドイツを中心とする哲学史において「表象」と「理念」とは明確に分離し、前者の意味で Idee が用いられることは、少なくとも主流ではなくなってしまったのである。

以上から浮かび上がってくるのは、近世哲学における観念説という特殊なトポスである。心が外界といかに接続しうるかを考える際、両者の媒介という難しい役割を「観念（idea）」に負わせようと試み、そうした中間的な性格を必然的に帯びる観念の認識論的・存在論的身分をめぐって哲学者たちが議論を交わす。そのような状況は、一七～一八世紀前半に固有のものだったのである。この意味で、近世は「イデア／観念」の概念史にとって、後にも先にも見られない特殊な時代だと言えよう。このように、近世的な観念説がカント以降に直接引き継がれず、仮に忘却されてしまったものだとしても、しかし同時代的には、「観念」は非常に重要な概念であった。たとえば神野は、啓蒙思想にまで射程を広げて「イデア」（観念／理念）概念の展開と重要性を論じている。そこでは、『百科全書』の序文におけるロックの観念説への言及や、ポール・ロワイヤルの観念説と密接に結びついた言語論が取り上げられ、近世的な観念説の分野横断的な展開の諸相が描き出されている（神野 2011, ch. 2-3）。本書が試みるのは、この哲学の長い伝統においては局所的で特殊な、しかし一七世紀の同時代的にはきわめて重要かつ大きな広がりを見せていた問題系の一端を明らかにすることである。

第三節　スピノザの観念説という空白地帯

スピノザはこうした近世という時代に、やはり「観念（idea）」の概念を使って自らの思想を展開した一人である。筆者のみるところ、彼には独自の観念説と呼ぶべきものがある。たとえば私たちは、観念を「絵画に堕さしめないように」（E2p48）という彼の有名な注意を想起することができる。[4] これは、観念を静的な「絵」の

(3) とはいえ、ヴォルフの『ドイツ語形而上学』とカントとの間には、ロックやバークリ等の英語圏の哲学的テクストにおける「観念（idea）」を「概念（Begriff）」と訳す向きも存在しており、事情はもう少し複雑である。詳しくは内田浩明「カントの超越論的観念論——その特徴と形而上学の再建」（『観念説と観念論』所収）を参照。

(4) また E2p49s では、観念は「画板の上の無言の絵」ではない、とも言われる。

ような表象像へと還元する見方を斥けるものである。後述するように、たとえばデカルトにおいては観念はある側面では表象像とみなされていたことに鑑みても、観念と表象像との絶対的な区別を主張することはそれほど一般的ではないだろう。他方で、スピノザは知性や意志を観念に還元する。スピノザによれば、一般に人間の基礎的な知的能力とみなされている知性や意志はそれほど絶対的なものではなく、観念へと還元可能なものである。この点もまた、デカルトほか同時代の哲学者たちにおいて知性や意志はより確固たるものであり、それらの認識能力ないし認識主体が観念を形成したり、観たり、肯定・否定したりする、という理解を示しているのと比較すると、スピノザの独自性を示しているといえよう。

とはいえ、上記のようなデカルトに反するいくつかの論点にもかかわらず、スピノザにおける「観念」概念が中世的な「イデア」へと逆戻りしているわけではない。スピノザにおける観念は、人間の認識に関わる、時に真であったり偽であったりするものであり、この点でデカルトによる新しい用法の影響下にあることもまた事実である。スピノザの観念説は、デカルトの影響を受けつつも、いくつかの点で独自の展開を見せているという意味で、近世的な観念説の系譜のなかに位置付けられるべきものなのである。以上に確認したスピノザの観念説の独自性が、どのような定義や概念配置、機制の上に成り立っているかについては、本論でのちに詳述しよう。

このように、スピノザには観念説と呼ぶべき理説が明確に見て取れるにもかかわらず、観念説研究においてスピノザは決して主流に位置する思想家としては取り扱われてこなかった。それは言及される場合もごく一面的な説明にとどめられるのが常であるどころか、完全に黙殺されてしまうこともしばしばである。このことは、哲学史の教科書においては多くの場合スピノザが比較的大きな位置を占め、あるいは少なくとも取り上げられはすることと対比すると、奇妙なことに映る。なぜ観念説研究においてスピノザはほとんど扱われてこなかったのか。この原因は本書を通じて考察されることであるが、ここでは考察の端緒として、Schuurman, P., *Ideas, mental faculties and method : the logic of ideas of Descartes and Locke and its reception in the Dutch Republic, 1630–1750*, 2004を参照してみよう。シュールマンは、デカルトにその起源を持ちつつもとりわけロックにおいて成立した、①観念（とりわけ明晰判明な観念）、②人間の能力（感覚知覚や記憶）、③方法（合理主義にせよ経験主義にせよ）から成る認識論を「観念の論理学 logic of ideas」と呼んだ（Schuurman 2004, pp. 4–11.）。彼は、この系譜の中に一六九〇年以降の（つまりロックの思想が輸入されて以降の）オランダの論理学者たちを位置付け、彼らの思想の内実を詳らかにしているが、逆に、それ以前のオランダの哲学者たちについてはごく簡単な言及にとどめている。シュールマンによれば、一六九〇年までのオランダにはデカルトとアリストテレスの両方の流れがあり、また経験科学の実践もあったにもかかわらず、「観念の論理学」と呼ぶべきものはなかった（Schuurman 2004, pp. 68–69.）。それゆえ、この観念の論理学の系譜を中心に据えるシュールマンの探求にとって、スピノザの生きた時代（一六三二～一六七七年）のオランダは空白地帯になるのである。シュールマンの提示するような、デカルト＝ロックの系譜を中心に観念説の流れを描く図式は広く共有されており、これを逸脱する先行研究は管見の限り存在しない(5)。この状況は近年も変わっておらず、たとえば先に触れた二〇二三年刊行の論集『観念説と観念論』でも、スピノザに一定の紙幅を割いて言及したものは一本しかない。当の論考である安部浩「ドイツ観念論をめぐって――スピノザとヘーゲル」は、スピノザの観念論（観念説ではなく）を起点にドイツ観念論を捉え返すという内容である。スピノザに「観念論」を読み込む安部の考察はそれ自体示唆に富む

(5) 冨田による『観念説の謎解き』はロックの観念説を主題とするものであるが、そこではやはり古代・中世における「イデア」からデカルトの新しい用法へ、そしてそれを取り入れたロックからバークリやカントへ、という見取り図のもとに議論が展開されている。

ものだが、スピノザの（観念論ではなく）「観念説」それ自体が語られる機会の僅少さを示す、象徴的な事例だと言えよう。

本書が主題とするスピノザは、シュールマンの図式における空白地帯、すなわち一六九〇年以前のオランダで著述活動を行った哲学者である。しかし、オランダでは一七世紀中葉にはすでにデカルトの哲学が大学でも教えられており、「オランダ・デカルト主義者」と呼ばれる一群の思想家たちの存在も近年よく知られるところとなっている（cf. van Bunge 2001, pp. 45–46.）。ここで、デカルト哲学の影響を受けた同時代人であるフーリンクスや、同じくデカルトの影響を受け、さらにスピノザに直接的影響を与えたと目されるヘーレボールトらの著作を見てみよう。[6] フーリンクスは、一六六五年にレイデン大学の哲学部の教授に就任し、デカルト主義の哲学を教えていた人物である。しかし、彼の形而上学的主著『真の形而上学』（*Metaphysica vera*, 1691）を見てみると、そこではそもそも「イデア／観念（idea）」という語の用例が僅少であり、少ない用例を見てもこの概念にそれほど重要な役割は与えられていないようである。[7] ヘーレボールトもまた一六四一年以降レイデン大学で教鞭をとった人物であり、デカルトの書簡の中にも「公然とわたしに賛意を表明してくれている」人物として名前が挙がっている。しかしヘーレボールトが論理学の教科書として書いた『論理学綱要』（*Hermeneia logica*, 1651）においても、少なくとも見出し語に「観念／イデア（idea）」は現れない（このことは、第一章1節が「観念について」で始まる『ポール・ロワイヤル論理学』と対照的である）。同じくヘーレボールトの『哲学探究』（*Meletemata philosophica*, 1654）の第二部三一節の冒頭では、「われわれは困難で高尚な問題、つまりイデア（idea）についての考察に取り組む」と宣言され（Heereboord 1664, p. 289.）、同36節までの6節がこの概念にかんする議論に割かれている。しかし、そこで展開される議論はもっぱら、被造物の範型としての、神の内にあるイデアについてのものであり、デカルト的「観念」というよりプラトン的「イデア」として扱われていることは明らかである

(Heereboord 1664, pp. 289-305.)。以上より、彼らの思想においては、デカルトが用いた新しい意味での「観念」は、散発的に言及されることはあるが、彼ら自身の哲学において重要な役割を果たすことはない。一六九〇年代までのオランダにはデカルト主義の思潮はあったにもかかわらず、たしかにシュールマンの言うように、「観念の論理学」はほぼ存在しないようである。

しかし、そのような時代において、少なくともスピノザだけは例外だと言える。上述のように、スピノザには、デカルトの新しい用法を引き継いだ、かつ独自の「観念の教説」と呼ぶべきものがあるのは明らかだからである。ただしそれは、シュールマンの提示するような「観念の論理学」の図式によって捉えきれるものではないだろう。のちに詳らかにするように、スピノザの観念説は、人間の認識論を超えた射程を持っており、この特殊さゆえに、シュールマンはスピノザの観念説を自らの図式に組み入れることができなかったのである。本書が探求の対象とするのは、神的なイデアでも、理念でもなく、しかしデカルト＝ロック的な枠組みからも逸脱してしまうような、スピノザの観念説の特異性である。スピノザの観念説を理解することは、いまだ十分に議論し尽くされているとは言い難い、豊かさを含んだ課題であると言えよう。

---

(6)　クロップによれば、スピノザが一六六一年半ばまでにレインスブルフに住んでいたとすれば、レイデン大学のヘーレボールトの講義を聴講していた可能性がある。cf. van Bunge & al. (ed.) 2011, p. 72 またヘーレボールトは、スピノザの著作において名指しで言及される数少ない著者の一人である。「形而上学的思想」第一部第二章を参照。

(7)　たとえば、『真の形而上学』の第三部「神学」の冒頭では、神について論じるのに、神の観念（あるいはイデア）から始めるのではなく、神の特質（proprietas）や属性（attributum）から始める、ということが宣言される。ここでの idea を「観念」ととるべきか「イデア」ととるべきかは判然としないが、その後の論証でこの語が重要な役割を果たすことはないようである。Geulincx. *Metaphysica vera*, pp. 110-111.

またシュールマンは、フーリンクスの論理学の著作を取り上げ、そこでは明晰判明な観念ではなく肯定・否定が基礎的概念となっていることから、「観念の論理学」の特徴は備えていないと結論づけている。Shurman 2004, p. 63.

第四節　本書の主題と構成

では、スピノザの独自の観念説の内実はどのようなものだろうか。これが本書の問いである。この問題を考えるにあたり、本書はデカルトの観念説から出発する。上述のように、スピノザはデカルトの影響下で自らの思想を展開しているからである。

デカルトの観念説の歴史的な重要性はよく知られているところであるが、その内実はそれほど明らかになっていない。その理由は、デカルトにおける観念は二つの側面を持っており、そのために、これまであまり包括的に理解されてこなかったからである。そこで第一部では、デカルトにおける観念のこの二面性に着目し、その両方の意義を考えることで、デカルトの観念説を包括的に理解することを試みる。この二つの側面はデカルト自身によって「二義性」と名指されるものであり、典型的には「形相的事象性」と「対象的事象性」との対比によって表現されるものである(8)。このうち後者の役割について多くの先行研究が主題として論じてきたのに対し、観念には前者の側面もあるということの意義はあまり着目されてこなかった。本書では、観念の前者の側面の意義も明らかにすることを試みる。

観念の「形相的事象性」に着目するということは、のちに詳述するように、観念の存在論的身分を問うということである。これまで、デカルトやその他の一七世紀の哲学者における「観念」が主題化されるとき、たいていの場合は人間精神の内にある「観念」と人間精神の外にある「存在」との関係が中心的に論じられてきた。ナドラーの言を思い起こすならば、「精神と世界とはどのように出会うのか」という問題である。これを扱った優れた研究は枚挙にいとまがない。この問題はたしかに重要である。しかし、本書の扱う一七世紀に生きた哲学者たちの探求は、単なる人間の認識のメカニズムの解明だけを射程とするものではなかった。仮にそのようなメカニズムの解明が最終的な目的であったとしても、その土台となる認識論も存在論も包含するような形而上学的体系の構築は彼らにとって不可欠だったのである。したがって彼らの観念説は、彼らの形而上学へと必然的に巻き込まれている。本書の関心の中心は、観念を用いた認識論それ自体よりもむしろ、認識論の土台となるような形而上学の議論において、観念がどのように位置付けられていたか、ということにある。(9)

とりわけ、本書が中心的に取り組むスピノザの観念説の内実は、この関心のもとでこそ明らかになるだろう。のちに詳論するように、スピノザはデカルトにおける観念の二面性のうち、「形相的」な側面を強調し、そこからいわゆる「平行論」という独自の体系へと展開しているからである。それゆえ、スピノザの形而上学的体系において観念がどのように位置付けられていたかという問題は、スピノザにとって観念とは何かを探求する際に中心的位置を占めるものである。このように、本書はスピノザおよびその影響源としてのデカルトの観念説を主題としつつも、それは同時に、神・実体・属性・様態といった諸概念から成る彼らの形而上学的体系の探求をも必然的に含むことになるだろう。

本書の議論は以下の順序で進む。第一部では、デカルトにおける観念説の内実を、観念の持つ二つの側面に

---

(8) 本論第一部冒頭の説明を参照。ここで簡単に述べておくならば、観念の「対象的事象性 realitas objectiva」とは観念の表象内容のようなものであり、他方で観念の「形相的事象性 realitas formalis」は、表象内容とは無関係に、観念それ自体が存在論的に何であるかを示すものである。「対象的」という訳語の選択については、第一章で言及する。

(9) この点において、村上勝三の一連の仕事は本書の先達として挙げられねばならないだろう。村上は自身の仕事を、「思うことをやめるならばあることもやめてしまう比類なき存在である「私」、その「私」の思いに条件づけられた一般存在論としてデカルト哲学を解釈すること」だと述べている。村上 2004, p.x.

着目して明らかにする。デカルト哲学において、主観的な領域から客観的な領域への超出のための梃子の役割を観念に見出すことは、『省察』解釈における一般的な傾向である。(10) そうした解釈は多くの場合、第三省察における神の実在のアポステリオリな証明を主座とする。解釈者たちが指摘するように、そこでは「考える私」が持つ神の観念の内容の確かさが、その原因である神そのものの存在の確かさを保証するのであり、端的に言えば観念から存在への道行が見て取れるのである。この道行において明示的に重要な役割を果たすのが観念の対象的事象性であり、私たちは第一章でこのことを詳論するだろう。だが当該の証明においても、観念はその対象となる存在すなわち外的事物と区別された上で関係づけられるだけでなく、観念それ自体がある種の「存在」を与えられている。このことは明示的な仕方ではないにせよ、実は重要な意味を持っている。この従来あまり着目されてこなかった論点について論じるのが、筆者のデカルト理解の核心である（と同時に、この論点はスピノザの観念説を理解するために必要な前提をなす）。第二章ではこのことを論じる。最後に、第一部第三章では、デカルトの影響下で観念説を展開したマルブランシュ、アルノー、ロックの立場を、観念の二面性のどちらを重視したかという観点から整理し概観する。その上で、これら「ポスト・デカルト」の観念説の文脈の中でスピノザがどのように位置づけられるかを考察する。

第二部では、デカルトの二側面的な観念説を引き継いだスピノザが、そこからどのように逸脱し、独自の観念説を展開しているかを明らかにする。ここでポイントとなるのは、スピノザはデカルト的な観念の二面性を受け入れつつも、デカルトとは反対に、観念の対象的側面よりも形相的側面を強調している点である。しかし上述したような事情、すなわち観念の存在の問題は看過されがちであるという事情は、スピノザ研究にも当てはまる。スピノザの観念説が非常に特異なものであることは、とりわけ真理論の文脈においてよく取り上げられる。たとえばアルキエや上野によるスピノザ哲学の概説書においては、彼独自の真理論との関連において観念への言及がなされている（Alquié 2003, p. 26；上野 2005, pp. 47–56）。ごく簡単に言えば、スピノザの真理論はいわゆる「対応説」を採らず、真なる観念の内的な徴標によって真理性を担保するという方策を採る点に特徴がある、といったものである。このような認識論的・真理論的側面は、たしかにスピノザの観念説の特筆すべき一側面であることは疑い得ない。しかし、観念の真偽が問題となるよりも手前の問題、そもそも観念とはいかなる存在であるのかということもまた、とりわけスピノザにおいては重要な問いとなる。というのも、スピノザにおける観念は必ずしも人間が心において持つものではなく、人間の心とは独立に、まず神の内にあるものだからだ。スピノザにおいて神の内にあるということは、同時に実体ないし世界の内にあるということでもある。第一義的に神ないし世界の内に「ある」観念のあり方は、観念説の存在論的観点からの解明を必然的に要請するものである。

こうした背景・研究状況を踏まえ、第二部において私たちはスピノザにおける観念それ自体の存在の問題を探求する。ここで取り組むのは、スピノザにおける「観念」の存在論的身分は何か、という問いである。その答えは、端的に言えば、観念は「思惟様態」であり、言い換えればそれは「個物」であり「事物」なのだ、ということである。この答えそのものは『エチカ』を読めば容易に取り出してこられるものであるように見えるが、観念が思惟様態であるということがどういうことか、また、その具体的内実やそこから何が帰結してくるのかはそれほど自明ではなく、先行研究によっても明らかにされていない点である。本書では、観念説の二側面的な枠組み自体は比較的忠実にデカルトを踏襲しているスピノザが明確にデカルトから逸脱する点として、観念が思惟様態であり事物であるという主張とその含意を精確に捉えることを試みる。まず第四章では、デカ

（10） E.g. Cronin 1987, pp. 1–2；村上 2004, p. 120.

ルトと共有された「形相的」「対象的」という対概念が、スピノザの観念説においてどのように用いられているのかを明らかにする。そこでは、それらの概念が平行論という独自の体系の成立において重要な役割を果たしていることが明らかになる。次に第五章では、そうして成立する平行論とはいかなる体系であるのかをより詳細に見ていこう。そこでは、スピノザの平行論的体系にとっては、個々の人間精神によるその都度の認識にとどまらず、体系全体において「一致」が成り立っていることが重要だということが明らかになる。それゆえスピノザの観念説は必然的に形而上学的にならざるをえないのであり、このことはスピノザの観念説の一つの特徴を成しているのである。第六章では、前章で明らかにしたような『エチカ』の平行論的体系のうち、もう一つの重要な要素である因果的独立性に着目し、これが観念説にどのような帰結をもたらすのかを考察する。そこで私たちは、第一部の議論を踏まえてデカルトと比較することで、スピノザにおいては、観念も物体的事物とまったく同等に「事物」であるとみなされているという点に、スピノザのデカルトからの大きな逸脱を見出すだろう。

第三部では、観念説の存在論的側面を主題とした第二部の探究を踏まえ、スピノザの観念説の認識論的な側面に光を当てる。第二部で明らかにされるように、スピノザはデカルト的な観念の二側面のうち、形相的側面を強調したのに対し、対象的側面の意義はデカルトの場合よりも見えづらくなっていた。第四章では対象的側面が「認識論的な地平を拓く」ものとして意義づけられるが、第三部では、まず体系レベルで打ち立てられた認識論的土台の上に、実際にいかにして個別的な認識が成立するのかを見ていこう。第七章では、「存在しない個物の観念」の存在論的身分を明らかにすることによって、E2p7 および E2p7c において成立した体系レベルでの平行関係が、その後いかにして個々の事物の水準へと適用されるのかを見ていく。このことを通じ、観念と「対象的有」との言い換えがなされる際のある条件が浮き彫りにされるだろう。さて、このような体系的な一致およびその個物への適用のみからは、私たちにとって最も身近な観念とも言える「虚偽の観念」は説明されえない。平行論の体系においていかにして虚偽の観念は生じるのか、そしてスピノザはどうすれば虚偽ではなく真なる認識を獲得できると考えたのか。最後に第八章では、こうした認識論的方法論の問題について、ふたたびデカルトと比較しつつ考察する。そこでは、大掛かりな形而上学的体系によって基礎付けられるスピノザの認識論の、意外なほど実践的なあり方が浮かび上がってくるだろう。

ここで、本書第二部および第三部が対象とする『エチカ』の読解範囲について述べておく必要がある。というのも、本書でスピノザの観念説のすべての側面を扱うことは不可能だからである。たとえば、十全な観念を十全たらしめる真理の内的徴標という、従来盛んに論じられてきた論点を、本書は主題的に扱わない。本書はそういった認識論的側面だけでなく、観念の存在論的な側面に光を当てる。本書がとりわけ着目するのは、『エチカ』において観念の二面性が平行論的体系の導出に深く関わっているという点である。本書は、『エチカ』における平行論の導出（E2p5からE2p7sまで）に際して観念の二面性が果たす役割を詳しく論じ、ここを『エチカ』読解の出発点とする。この平行論的体系の理解に基づいて、議論は二つの方向へと展開する。一つは、E2p5に顕著な観念の特徴、すなわち観念同士で因果系列を形成しうるという特徴に着目し、観念の様態あるいは事物としての存在論的身分をさらに追究する議論（E1p34–E1p36）である。もう一つは、体系における平行関係の個物の水準への適用（E2p8, E2p9）を経て、ある特定の個物すなわち人間の認識によりいっそう直接的に関わるような議論（E2def3, E2p10–E2p35）である。本書は、前者の議論を第二部で行い、後者の議論を第三部で行う。これによって、先行研究がいまだ十分に明らかにしていない、スピノザの観念説の形而上学的な側面を明らかにしたい。とりわけ未解決のまま残されている、しかし重要な問題は、『エチカ』の平行論的体系と真理論との接続の問題である。本書は最後にこの問題に取り組もう。

本書はこうした概念史研究の観点からスピノザの観念説に取り組むことで、従来の研究に欠けていた一片を提供できるものと信じる。さらに、「観念」の概念史上においても異端に見えるスピノザの観念説を起点とすることで、彼の哲学全体を唯物論と観念論との間でどのように位置づけうるかということも浮き彫りになってくる。スピノザの体系は死後、ときに唯物論の体系として、ときに観念論の体系として（多くの場合批判的に）受容されてきた。しかし、本書を通じて見えてくることは、スピノザの体系はそのどちらでもないということである。私たちは結論において、スピノザの体系を「観念の実在論」の体系であると名付けるだろう。本書はデカルトという参照軸を用いることで、スピノザの観念説の特異性、ひいてはそれを成立させているスピノザの形而上学的体系そのものの特異性もまた、明らかにしようと目論むものである。

第一部　「観念（idea）」概念史の中のスピノザ
――ポスト・デカルトの観念説

私たちは、スピノザがその中に位置付けられる近世的「観念」の概念史を概観するために、デカルトを出発点に選ぶ。しかし、デカルトの「観念」概念の重要性は十分周知されているにもかかわらず、その内実を理解することは思いのほか困難だ。その一因は、デカルトにおける観念が、デカルト本人が「二義性（aequivocatio）」と呼ぶ、二通りのあり方を持っていることにある。『省察』「読者への序文」においてデカルトは「観念という語のうちに二義性が潜んでいる（subesse aequivocationem in voce ideae）」（AT, VII, 8）と述べる。「二義性」と言うと、単にある言葉が二つの意味を持つ、という事態が想起されるかもしれない。しかし実際は、『省察』における議論を見ていくと明らかなように、デカルトにおいて観念は二つの異なるあり方を持つのであり、単なる言葉の意味が問題なのではない。それゆえ本書では、これを観念の「二面性」と呼ぶ。その詳しい内容については後述するが、簡潔に言っておくとすれば、この二面性の一方は「外的事物を表象する」あり方を表し、他方は「（表象内容に関係なく）観念それ自体が存在する何かである」あり方を表す。つまり、一方は観念の表象内容を表し、他方は観念の存在論的身分を表している。観念は、後者の側面（すなわち存在論的に「何であるか」）から見れば、どれも「私の思惟の様態」以上の規定をもたない画一的なものであるが、前者の側面（何を表象するか）から見れば表象する対象の違いに即して相互に区別されるものである。たとえばリンゴの観念とミカンの観念は表象内容としては相互に異なるものだが、存在論的にはまったく区別されない[(1)]。

(1)「たしかに、それら観念が単に何らかの思惟の諸様態であるかぎり、私はそれら観念の間に何の不等性も認めない。それらはすべて同じしかたで私から出てくると思われる。しかし、ある観念はあるものを表象し、他の観念はまた他のものを表象しているかぎり、それぞれの観念が互いに非常に異なっていることは明らかである」（AT, VII, 40）。このことは、観念対象がまったく似ていない場合にも成り立つ。たとえばリンゴと神、といった存在様態が著しく異なるもの同士の観念ですら、存在論的には区別されない。

ところで、このような二面性は、観念という用語に拘らなくても、私たちの思考について一般に言えることである。私の思考は、どれも「私の思考」であることに変わりはないが、考えている内容はその都度異なるということは、一般に受け入れられることのように思われる。しかし、そうした二面性をはっきり「二義性」として主題化したことは、それ自体デカルトの画期的な主張だと言えるだろう。これによって、いかにして思考は私たちの精神に内在するものでありつつ何らかの仕方で外界とも接続しうるのかという、近代以降に認識論の中心問題となった問いがはじめて前景化してくることになるからである。この問題構成がもっとも顕著に現れるのが、観念の二面性に関する議論である。第一部の第一章では、この二面性の議論を『省察』の記述に即して概観し、二面性のうち「対象的事象性」と呼ばれる側面の果たす役割について論じよう。

次に期待されるのは当然、観念の二側面のうちもう一方の役割を明らかにすることであるが、ここでいくつかの困難に遭遇する。まず、この側面は観念の「形相的事象性」（のちに詳述するが、事物の形相的事象性ではなく観念の形相的事象性が問題となる点に注意されたい）と名指されるのだが、『省察』におけるこの語の用例は僅少であり、その役割も少なくとも明示的には読み取れないからだ。さらに、「形相的」という形容詞ないし「形相的に」という副詞は、とりわけ『省察』の本文だけでなく「反論と答弁」を視野に入れれば、明らかに意味の変遷を被りつつ用いられている。それゆえまずは、「形相的」の錯雑とした用例の整理によってその意味を画定することから始め、その上で観念の「形相的事象性」の側面の意義の考察に取り組む必要がある。本書第二章でこれを行う。

以上の第一章および第二章でデカルトの観念説をその二面性の観点から再構成し終えることになるが、扱うテクストは『省察』にほとんど限定されることをあらかじめ断っておこう。というのも、『省察』はデカルトの主著であり、また観念の二面性が二義性と名指され、明確に展開される著作であるからだ。その他の著作については、あくまで補助的な仕方での参照にとどまってしまうが、本書の主題のためにはそれで必要十分であると判断する(2)。

さらに、この二面性は、デカルトに少なからぬ影響を受けつつ自らの哲学体系を構築していった後続の哲学者たちにとって、その解釈がそのまま自らの哲学的態度決定につながるような一つの分水嶺となった。彼らの多くはデカルトの観念説を部分的に継承しつつ、しかしその二面性のどちらかに重心を置いたからである。私たちは第三章において、ポスト・デカルトの観念説の展開をアルノー、マルブランシュ、ロックに代表させることで概観し、彼らと比較する観点からスピノザの観念説の特徴を析出してみよう。

このように、観念の二面性に着目することで、デカルトの観念説に固有の特徴でもあり、同時にそれを理解しようとする者の前に立ち塞がる困難でもあるような論点に直接分け入ることができる。このことはまた、その後の近世哲学の展開を眺めるための一つの立脚点を得ることにもなる。こうした見通しのもと、まずはデカルトの観念説をテクストに即して見ていこう。

(2) デカルトにおける初期から後期までの観念説の変遷・展開については、村上勝三『観念と存在』や松枝啓至『デカルトの方法』を参照。

第一章　デカルトにおける観念の対象的事象性

本章ではデカルトの観念説の二面性の内実および意義を明らかにするため、以下の手順で議論を進める。まず第一節では、『省察』本文において観念が二義的に語られるさまざまな表現を整理し、それらの間に共通する徴標を析出することで、『省察』における観念の二面性がどのようなものであるか確認する。次に第二節では、それらのうち観念の「形相的事象性（realitas formalis）」「対象的事象性（realitas objectiva）」という特徴的な表現に着目し、『省察』において後者の「対象的事象性」が果たす顕著な役割について論じる。さらに、観念の対象的事象性というあり方は、少なくとも建前上は観念と区別されるはずの「表象像（imago）」に近い内容を持つ。そこで第三節では、観念の対象的事象性と表象像との間の関係や異同について考察しよう。

本論に先立って、"objectivus"の訳語の選択について述べておこう。"objectivus"は従来、さまざまに翻訳されてきた。たとえば、井上・森は「表現的」、桝田は「客観的」、所は「思念的」、村上は「対象的」、山田は「表象的」と訳している。本書では、「（観念それ自体よりもむしろ）観念対象のあり方を示す」という意味を重視し、「対象的」という語を選択する。また、本書では第三章以降の主題にかかわることだが、スピノザも同様の語を用いている。こちらは慣例的に「想念的」と訳すのが定訳となっているが、本書ではデカルトからの連続性を重視し、スピノザにおける用例も「対象的」と訳す[(1)]。

（1）　近年刊行された上野修訳『エチカ』では、スピノザによる「objectivus」の用例も「対象的」と訳されている。

第一節　『省察』本文における観念の二面性

『省察』において、観念は多様な仕方で語られ・規定されており、デカルト自身が言う「二義性」の実態そのものがそもそも自明でない。まずは、その多様な語りの整理を行うところから出発しよう。あらかじめ断っておきたいのが、本節で扱う範囲は『省察』のうちでも「反論と答弁」を除いた本文にあたる部分だということだ。第三節以降で詳述するように、「反論と答弁」を射程に入れると二面性の議論は途端に複雑になる。それゆえまずは『省察』本文に基づいて二面的な観念説の骨格を掴むのが得策だろう、というのが、本節で扱うテクストを限定する理由である。

さて、『省察』では、観念の二面性が少なくとも次の四つの仕方で表れている。

① 「質料的に」捉えられた観念／「対象的に」捉えられた観念
② 「知性の作用」／「それ（知性の作用）によって表象されたもの」
③ 「思惟の様態」／「事物の像」
④ 「観念の形相的事象性」／「観念の対象的事象性」

これらを順に見ていこう。観念の二面性は、まず「読者への前書き」において、「質料的に materialiter」、「対象的に objective」という対概念を用いて提示される（①）。さらにその内実は次のように、すなわち、観念は質料的に捉えられるなら「知性の作用」であり、対象的に捉えられるなら「それによって表象されたもの」であると言われる（②）。これら二組の二面性は、デカルト自身によって「対」となるものであることが明示されている。

次に、③「思惟の様態」と「事物の像」について見ていこう。『省察』においては「観念は――私の思惟の様態（modus cogitandi）であって――私の思惟から借りてこられる形相的事象性のほかにはなんらの形相的事象性をも、自分から要求することはない」（AT, VII, 41）と言われる一方で、「私の意識のうちにあるものは、いわば事物の像（imagines）であって、本来これにのみ、観念という名は当てはまる」（AT, VII, 37）とも言われる。後者における「事物の像」とは、私たちが頭の中に思い描く像、まさしく「イメージ」のようなものと考えてよいだろう。デカルトは以下のように言う。「たしかに、それら観念が単に何らかの思惟の諸様態であるかぎり、私はそれら観念の間になんの不等性も認めない。［……］しかし、ある観念はあるものを表象し、他の観念はまた他のものを表象しているかぎり、それぞれの観念が互いに非常に異なっていることは明らかである」（AT, VII, 40）。ここから、「あるものを表象し」ているあり方、すなわち「表象像」と、「思惟の様態」とが、明確に異なるあり方であることが見て取れる。

最後に、④「観念の形相的事象性」と「観念の対象的事象性」との対比は、③の議論の延長線上に現れる。とりわけ、後者の「観念の対象的事象性」が『省察』において初めて用いられるのは、「表象像」と「思惟の様態」との対比が示された先の引用の直後である。「私に実体を表示する観念は、ただ様態すなわち偶有性のみを表現する観念よりも、［……］より多くの対象的事象性をそれ自身のうちに含んでいる」（AT, VII, 40）。ここでは、思惟様態とみなされるかぎり観念同士の間に差異はないが、その表象対象に着目するならば観念は相互に差異を持つ、という先述の議論を展開する形で、実体の観念と様態の観念との間には「対象的事象性」の差異があると述べられている。他方で、上に引用したように、観念は「私の思惟の或る様態」であり、「私の思惟」からのみ形相的事象性を借りて来ると言われる（AT. VII, 41）。すなわち、「観念の形相的事象性」は「思惟の様態」として、等しく「私の思惟」に由来するものであり、そこには「観念の対象的事象性」において見られるような、表象対象に相関した事象性の程度の違いは生じない。

以上の③、④の分析を通じて明らかになってくるのは、一方のあり方（思惟の様態や形相的事象性）と他方のあり方（表象像や対象的事象性）が単に異なるというだけでなく、前者の画一性と後者の多様性との間に対比を見出すことができる、ということである。同様の対比は、①、②が示される箇所においても表明されている。「この語［＝idea］は、一方では質料的に、知性の作用と解することができ、この意味においては私よりも完全であるとは言えないが、しかし他方では対象的に、そういう作用によって表象されたものと解することができるのであって、この場合には［……］私よりも完全でありうる」（AT. VII, 8）。つまり前者はどれも等しく私の知性の「作用」でしかないが、後者は表象対象によって「私よりも完全」であったりそうでなかったりする、という多様性を持つのである(2)。

以上より、①〜④の二面性に通底する、〈表象対象とは無関係に／表象対象に依存して〉、〈画一な／多様な〉という共通した対立的な徴標を析出することができる。前者の「表象対象と無関係に」あるあり方を観念に認めることは一見考え難いことかもしれないが、その意味内容については「事象性」という語と関係付けつつ次節であらためて検討しよう。少なくともここに、デカルトにおける観念の二面性の最も基本的な意味が析出された。個々の二面性の記述は、上記の大枠のもとに捉えられるものだと言えよう(3)。

本節で我々は、『省察』において観念が二義的に語られる多様な表現を整理し、それらに共通する対立軸を確認した。これらの表現の中でも、この二面性の意義を問う私たちは、「観念の形相的事象性」と「観念の対象的事象性」に焦点をあてる。というのも、この対概念のうち特に「観念の対象的事象性」には、『省察』の実際の論証において果たす重要な役割が明確に読み取れるからである。次節では、第三省察の重要な論証において観念の対象的事象性がいかなる役割を果たしているか具体的に見ていこう。

第二節　第三省察における観念の対象的事象性の役割

本節の議論に入る前に、「事象性 realitas」の意味について触れておく必要があるだろう。というのも、この「事象性」は今日一般に用いられるものとは内実を異にするからだ。檜垣やクルティーヌが適切に整理しているように、近世哲学における事象性すなわち realitas の用法には「何であるか」と「実際にあるか」との二つの流れがあり、今日言われている意味で「事象性」（実在性）と言われうるのは後者であるが、デカルトの用法は前者であると考えられる[4]。ここから、『省察』における観念の「形相的事象性」と「対象的事象性」の意

(2)　山田をはじめとする多くの解釈者において、この重ね合わせはほとんど無条件に認められているように見える。cf. 山田 1994, p. 197.

(3)　こうした整理の仕方については、もちろん議論の余地はあるだろう。デカルトはこの二面性に自覚的ではあったが、十分に整理された仕方で提示しなかったため、そこに曖昧さが残るのは必定である。また、本章が「第四答弁」において現れる観念の「質料／形相」の対概念（AT. VII, 232）を二面性の記述から捨象していることを断っておかねばならない。当該箇所では「質料／形相」の二面性のうち「形相」に対象的な側面が割り当てられており、本節における二分法と齟齬をきたすように思われる。このことは「形相的」という語のデカルトの『省察』における多義性の問題とかかわっているが、この点については本書第二章第一節を参照されたい。なお、「形相的」の多義性については武藤も指摘している（武藤 1992, pp. 259–260）。

味するところもよりよく理解できるだろう。「表象対象と無関係に」あるあり方だと前節で特徴づけられた「形相的事象性」は、一見理解しがたいものであるかもしれないが、近世特有の事象性の含意に鑑みれば理解可能なものとなる。つまり、観念の形相的事象性すなわち「観念が表象対象と無関係に何であるか」を問うならば、前述のように「思惟の様態」となり、それ以上に具体的・個別的な「何であるか」は問うことができない。それゆえ思惟の様態としての観念同士の間には「なんの不等性も認めない」と言われていたのである。他方、観念の対象的事象性とは「何を表象するか」という観点を含む「何であるか」であるので、観念同士の間で、表象する対象に応じてさまざまに異なりうる。(5)

それでは、こうした観念の「対象的事象性」は、『省察』においていかなる役割を果たしているだろうか。そのもっとも顕著な例は、第三省察における神の実在のアポステリオリな証明であると思われる。

当該の論証は以下の手続きでなされる。まず、論証の出発点は、私たちが生得観念として持っているとされる「神を理解するところの観念」（AT, VII, 40）にある。この観念を観察すると、それが「有限な実体を表示するところの観念よりも、明らかにいっそう多くの対象的事象性をそれ自身のうちに含んでいる」（AT, VII, 40）ことが得られる。この明らかに傑出した「対象的事象性」を結果として生み出しうるような、傑出した「形相的事象性」を含む原因が存在するはずだ、と推論は進む。しかし、有限なものである私の中にそのような傑出した形相的事象性は見出されない（AT, VII, 42）。したがって、その原因となる何かは、私の外に実在する何かでなければならない。このように、結果である〈観念の内容としての神の大きさ〉(6)から原因である〈神そのもの〉の実在へと到達することが、「神の実在のアポステリオリな証明」の骨子である。ここで注意しておかねばならないのは、この論証における「形相的事象性」は基本的に観念対象となる事物の形相的事象性であって、次章の主題となる観念そのものの形相的事象性ではないということだ。ここで問題となっている論証は、観念の対象的事象性から観念そのものの形相的事象性へと遡るものではない。そうではなく、私の内にある観念の対象的事象性から私の外に存在する事物の形相的事象性へと遡ることで、神が単に私の思惟の内にのみ存在するのではなく、私の思惟の外に実際に存在することを証明するものである。

　この論証において「対象的事象性」が果たす役割の重要性については、すでに多くの研究によって論じられ広く共有されているので、簡単な記述にとどめる[7]。すなわち、この論証においては、〈観念の持つ対象的事象

（4）檜垣によれば、realitas の二つの流れのうち一つは「事物 res」と「存在者 ens」との対比を基礎としている。一つの同じものが、「それがある」ことが顧慮される場合には「存在者 ens」と呼ばれ、「それが何かである」ことが顧慮される場合には「事物 res」と呼ばれる。この res の意味に準じ、realitas も「何性 quiditas」に近い意味を持つものとなる。もう一つの流れは、「事物 res」と「理拠 ratio」との対比を基礎とするものである。ここでは、ただ概念においてあるものが「理拠的 rationis」なものであり、「単にそう考えられるだけでなく、実際にそうである」ものが「実在的 realis」なものと言われる（cf. 檜垣 2015, pp. 1–14.; Courtine 1992, pp. 178–185 にも詳しい）。

（5）本文で詳述する余裕はないが、「形相的／対象的」という対概念は少なくとも近世スコラに直接的源泉を求めることができるものである（cf. Ariew & Grene 1995; 村上 2004, pp. 143–152）。スアレスは「知性がそれによって何らかのもの［……］を概念把握するような作用そのもの」を「形相的概念 conceptus」と呼び、「形相的概念によって個別にあるいは直接的に認識され表象された事物やことがら」を「対象的概念」と呼ぶ（Suarez, *Disptationes Metaphysicae*, disp. 2, sec. 1, §1）。またゴクレニウスも『哲学用語集』の「概念」の項目において、「概念把握するあるいは認識する作用」（形相的概念）と「認識する作用によって概念把握された事物」（対象的概念）との区別を提示している（Goclenius, *Lexicon Philosophicum*, p. 428）。ただし、スアレスやゴクレニウスが「概念」にかんして設けていた区別を、デカルトは「観念」において使用しているという相違がある。この相違が意味するところは改めて論じられるべきである。

（6）ゲルーは「観念の対象的事象性」を「観念の内容」と適切に言い換えている。cf. Gueroult 1970, p. 73.

（7）デカルトにおける観念の対象的事象性の重要性については、古くはマルブランシュをはじめとして、多くの論者によって指摘されてきた。古典的な研究としては Cronin, *Objective being in Descartes and in Suarez* 1987（repr：1966）が、より近年のものとしては Buzon & Kambouchner, *Le vocabulaire de Descartes* 2011、Smith, "Descartes' Theory of Ideas" 2017 などが挙げられる。主な考察対象はデカルトより前の時代だが、まさしくこの概念の来歴を主題とする Marrone,

性の大きさの差異〉を生じさせる原因が、〈その観念の原因（＝観念対象）が持つ形相的事象性の大きさの差異〉にのみ求められうるということが論証の軸となっている。さらに、当該の論証は、『省察』全体の行論から見ても重要な位置を占める。デカルトは第一省察での方法的懐疑ののち、第二省察においてコギトの実在という疑いえない事実にたどり着き、そして第三省察において神の実在を証明する。第三省察における神の実在の証明は、『省察』において初めて、「考える私」の外にある事物の実在が証明される場面なのである。つまり、コギトの実在のみが確証された独我論的観念論の領域から飛び出し、「考える私」以外の実在も確証された領域へと至るための転換を果たすのが「神の実在のアポステリオリな証明」であり、ひいては「観念の対象的事象性」という概念装置こそがこの転換を可能にしていると言える(8)。

しかしここで、デカルトに以下のような疑義が向けられるかもしれない。すなわち、「神の実在のアポステリオリな証明」においては外的事物の実在を証明するために「観念の対象的事象性」が用いられるはずなのに、「観念の対象的事象性」を導入し、それらの間で表象対象に相関的な相違を見出した時点で、外的事物の実在を前提してしまっているのではないかという疑義である。たしかに、観念の対象的事象性は表象対象に依存することによってのみ相互に差異を持つものなので、外的事物の実在をあらかじめ前提しているように見えるかもしれないが、第二章第二節で詳述するように、デカルトの擁護は可能であるように思われる。しかしそれには、「観念の形相的事象性」の議論も踏まえる必要があろう。それゆえ、ここでは差し当たり、諸観念を観察することだけからそれらの間に対象的事象性の差異があることは発見されうる、とのみ注記しておくにとどめよう。

以上の議論から、観念の対象的事象性の『省察』における重要性は明らかである。観念の対象的事象性は、『省察』の道行がコギトの疑われえなさの発見から外界へと接続されるための第一の契機とも言える「神の実在のアポステリオリな証明」において、重要な役割を担っているのである。

第三節　観念の対象的事象性と表象像

私たちは前節において、『省察』における観念の対象的事象性を、「何を表象するか」に即した「何であるか」を表す概念として規定した。いわば、観念の対象的事象性とは、観念の表象内容のようなものである。しかし、『省察』には「表象像 imago」という語もまた登場する。「私の意識のうちにあるものは、いわば事物の像（imagines）であって、本来これにのみ、観念という名は当てはまる」（AT, VII, 37）。上述のように、先行研究において観念の「対象的事象性」と「表象像」とは、同じあり方を指しているとしばしば解釈されてきた。[9] しかし表象像は、本当に観念の対象的事象性と同一視されうるものだろうか。観念と表象像が区別されねばならないとしたら、それはいかなる点においてだろうか。

Realitas objectiva 2018も上梓された。また、観念の二面性が争点の一つとなった歴史上有名な論争としてアルノー・マルブランシュ論争がある。この論争についてはBréhier, *History of Philosophy: The Seventeenth Century* 1968やNadler, *Arnauld and the Cartesian Philosophy of Ideas* 1989に詳しい。

（8）こうした理解はいくつかの先行研究に見ることができる。たとえばクローニンによれば、第三省察において「彼［デカルト］」は、独我論から逃れる唯一の方法は観念の対象的事象性を用いることだと主張」しており、また「思惟する実体以外の存在者が現に実在することは、観念の対象的事象性から出発することによってのみ証明されうる」のだと言う（Cronin 1987, pp. 1–2）。

（9）cf. 山田 1994, p. 197；吉田 2013, p. 74.

前節までの議論において私たちは、煩雑さを避けるため、読解対象を『省察』の本文に限定していた。しかし、『省察』における観念と表象像との関係を考えるために、私たちは『省察』本文だけでなく、「反論と答弁」に目を向ける必要がある。この問題を解くための鍵は、第二答弁の付録として書かれた「神の存在と魂の身体からの区別とを証明する幾何学的様式で配列された諸根拠」（以下「諸根拠」とする）にあるからである。では、そこでの観念の定義を見てみよう。

定義2　（a）観念という名称でもって私は、任意の思惟の形相（cujuslibet cogitationis forma）を知解する。そのような形相の直接的な知得によって、その同じ思惟そのものを私は意識する。［……］（b）かくして、独り身体的表象（phantasia）において描かれた諸表象像（imagines）のみを観念と私は呼んではいないのである。それどころか、それ（ipsas=imagines）をここではいかなる意味でも私は、それが身体的表象（phantasia corporea）においてある、言いかえれば、脳の或る部分の内に描かれているかぎりにおいては、観念とは呼ばないのである。そうではなく、脳のその部分へと振り向けられた精神そのものをかたちどる（informare）というかぎりにおいてのみ、観念と呼ぶにすぎないのである。[10]（AT, VII, 160-161. a, b は引用者による区分）

この箇所の読解においては、観念が「任意の思惟の形相」であると言われている前半部（a）が争点となってきたが、ここで私たちにとってより重要なのは、（b）の解釈である。この箇所は読解上の難点を抱えている。というのも、「観念」と「身体的表象」や「諸表象像」との関係が論じられる（b）は、ふた通りの読み方を許すものになっているからだ。ここで、「身体的表象」という本章でここまであまり登場してこなかったが、しかしこの先の議論で重要となる語について、議論に先んじて詳らかにしておこう。まず、本書は phantasia と phantasia corporea を区別せず「身体的表象」と訳す。この phantasia 概念の源泉はアリストテレスにまで遡ることができるが、少なくとも中世以来一般に、感覚知覚を通じて得られたセンスデータが何らかの像を結ぶはたらきあるいは機能を意味するものだと理解できよう。[11] これに対し、そのように感覚知覚に由来する像そのものは phantasma と呼ばれる。[12]『省察』における phantasia/phantasma の用法も、おおむねこれを踏襲している（cf. AT, VII, 90）。phantasia とは、身体的な感覚知覚を通じて像をつくり出す機能であり、そうした身体との結びつきを強調する際に "corporea" という形容詞が付加されるものと思われる。本書が形容詞 "corporea" の有無にかかわらず phantasia を身体的表象と訳すのは、上記の理由による。

それでは、（b）が一見許してしまう〈ふた通りの読み方〉とはどのようなものかを確認しよう。まず、一方では「独り身体的表象において描かれた諸表象像のみを観念とは呼ばない」と言われており、この記述からは、〈身体的表象において描かれた諸表象像も観念と呼ばれるが、それ以外のものも観念と呼ばれる〉という主張を読み取るのが自然である。しかし他方で、その直後には「それ（諸表象像）を［……］観念とは呼ばない」と言われるため、観念と表象像とが排他的な関係にあるのか一見定かではないからだ。私たちはこの問題

(10) 中略部分は以下のようになっている。「かくてつまり、以下のようでないかぎり、私は何ものをも言葉によって、私の言っていることを知解しつつ表現することはできない。すなわち、このこと自体によって［ex hoc ipso］、私のうちにその言葉によって指示されている何かの観念が存在する、ということが確実でないかぎりは」。ここでは観念とそれを指示する言葉との関係が論じられているが、それ自体が別の大きな議論を呼び込むものであり、「思惟の形相」の意味を明らかにするという私たちの目的に必ずしも必要でないと考えて本文から省いた。

(11) cf. Lagerlund, "Mental Representation in Medieval Philosophy", in *Stanford Encyclopedia of Philosophy*.

(12) カストンによれば、アリストテレスにおける phantasma はしばしば "image" とも訳され、またストア派における phantasma は "apparition" や "figment" に相当する（Caston, "Intentionality in Ancient Philosophy", in *Stanford Encyclopedia of Philosophy*）。こうした意味合いは、一六世紀のアリストテレス主義者ヤーコポ・ザバレッラにも引き継がれているようである（cf. Mikkeli, "Giacomo Zabarella", in *Stanford Encyclopedia of Philosophy*）。

を解決するにあたって、（a）の「形相」の意味を確定させることを経由しよう。ここで読解の鍵となるのは「かたちどる informare」という語の意味である。

デカルトがこの語を用いるのは、いくつかの書簡においてであるが、そこでは、人間の形相としての魂が質料である身体を“informare”するという事態について語られる（AT, IV, 166-168；346）。デカルトにおいて“informare”という語が用いられるとき、〈forma を与える〉という作用が意味されているとまずは言えよう。[13] 第二章で述べるように、「形相」には多義性があるが、ここでは魂が身体に forma を与えるという理説における informare の意味に引き付けて理解しよう。つまり、引用の（a）で「思惟の形相」と言われるときの「形相」は質料形相論的な意味で理解されるということである。

こうした「形相」の意味を念頭に置いた上で、「そうではなく、脳のその部分へと振り向けられた精神そのものを informare するというかぎりにおいてのみ、観念と呼ぶにすぎないのである」という本文の記述へ戻ろう。ここでは「何を」観念と呼ぶのかという目的語が省略されているが、前後の文脈から明らかに「諸表象像」を補うことができる。諸表象像は、その各々が特定の何かを表象するものとして、各々特定の内容を持つものである。したがって、諸表象像が精神を informare する、つまり〈forma を与える〉と言われるとき、「諸表象像」は、それ自体では単に「私の思惟」以上の何らの規定も持たないものに「かたち」を与え、個別化するものなのだ、ということが主張されているのである。そして、そのような機能にフォーカスされているかぎりで、「諸表象像」も「観念」と呼ばれうる、ということがここで言われているのである。

ここで「かたち」を与え個別化すると私たちが述べるのは、「普遍的な本質」[14] のようなものと同一視される「形相」の意味を排除する意図による。諸表象像は、その各々が特定の何かを表象するものであるため、諸表象像が精神に〈forma を与える〉というとき、「普遍的な本質を与える」とは考えられえない。私たちがここまで断りなく用いてきた「かたちどる」という訳語も、以上の解釈を背景として選ばれたものであった。

以上の議論を踏まえ、観念の対象的事象性と「身体的表象」や「諸表象像」との関係を明らかにしよう。まず、観念が「思惟の形相」であるという定義の前半（上掲の引用ａ）を受けて、「かくして、独り身体的表象において描かれた諸表象像のみを観念と私は呼んではいない」と言われていることから、「思惟の形相」と「表象」（身体的表象も諸表象像も含む）との対比を読み取ることが一見可能である。おそらくこのことは、「思惟の形相」を観念の形相的事象性と関連づける読解がなされがちな要因の一つであるだろう。しかし、ここで単に思惟の形相と表象一般の対比が意図されていないことは、続く記述から明らかである。「それ（諸表象像）をここではいかなる意味でも私は、それが身体的表象においてある、言いかえれば、脳の或る部分の内に描かれているかぎりにおいては、観念とは呼ばない［……］。そうではなく、脳のその部分へと振り向けられた精神そのものをかたちどるというかぎりにおいてのみ、観念と呼ぶにすぎない」。つまりここでは、諸表象像が観念と呼ばれうる、あるいは呼ばれえないための条件が示されているのである。つまり、「身体的表象においてある」ないし「脳の或る部分の内に描かれている」ときには、諸表象像は観念とは呼ばれえないのであり、そうでは

(13)　『省察』においてはガッサンディによる第五反論にこの語が散見される。そのうち一箇所は「物体が形状を与えられる」という単なる物理的な意味で用いられているが、デカルト自身は、これに対する答弁の中で一度も“informare”を用いていない。

(14)　両者が同時に含意されている場合もあるだろう。周知の通り、トマスの個体化説においては種に共通する形相に指定された質料（materia signata）が加わることによって個別化がなされるが、ここでの形相は「かたち」を与えるものであると同時に「普遍的な（種的）本質」でもあると思われる。他方で、たとえばスピノザが観念の観念は「観念の形相」（E2 p20）だと主張するときの「形相」は、「本質」に近い意味で言われているのであって、「かたち」の意味ではないだろう。

なく、「脳のその［表象像が描かれた］部分へと振り向けられた精神そのものをかたちどる」ときには、諸表象像が観念と同一視されうる。

このように、「諸表象像」と呼ばれるもののうちにも「観念」と認められる側面と認められない側面があり、「身体的表象」ないし「脳に描かれた像」は後者である。それゆえ、ここではむしろ身体的表象と諸表象像との区別のほうが重要なのであり、「思惟の形相」と「表象」一般との対比は読み込まれるべきではない。

しかし、「独り身体的表象において描かれた諸表象像のみを観念と私は呼んではいない」と言われるとき、先述のように、身体的表象もまた観念と呼ばれるという意味に解されうるように思われる。つまり、身体的表象も観念であり、そして別のものも観念だ、という主張として理解すべきであるように見える。そしてこの記述は、直後に「それ（諸表象像）をここではいかなる意味でも私は、それが身体的表象においてある［……］かぎりにおいては、観念とは呼ばない」と言われていることとそもそも矛盾するように見えてしまうのである。しかし、この矛盾は見かけ上のものであると言える。なぜなら、先に見たように、ここでは表象像が観念と呼ばれうるための条件の提示が主題となっているからだ。諸表象像は、「身体的表象においてある」かぎりは観念とは呼ばれえないが、そのような身体的要素から切り離され、「精神そのものをかたちどる」かぎりにおいては諸表象像は観念と呼ばれうるのである。

以上において私たちは、「諸根拠」定義2における「思惟の形相」を、精神に具体的なかたちを与え個別化するかぎりでの「諸表象像」を指すものとみなす解釈を提示した。このように、「諸根拠」定義2は整合的に理解可能で、かつ内容的にも観念・精神・表象像・身体的表象の関係を具体的に示す豊かなものであり、アルキエの言うように「困惑させる」だけのものではない（Alquié 2018, note 2, pp. 586–587）。ただし、「身体的表象において描かれた」ないし「脳のある部分の内に描かれた」ものと、あくまで思惟の内にある「形相」ないし

「諸表象像」の関わりは、具体的に明らかになっていない。それを解明するには、デカルトにおける心身の相互作用や合一の具体相の問題に改めて取り組む必要があるだろうが、それは本書にとって手に余る。ここでは、観念（の二面性）と表象像との関係を整理したことで差し当たり十分とみなし、先に進もう。

本節の分析から、『省察』における表象像は部分的には観念と同一視されるということが取り出された。村上が提案するように第三答弁における「知得の形相」と重ね合わせて読むことも、私たちの議論を傍証してくれよう。そこでは、「私が idea という名称を使用したのは、我々が神においてはいかなる身体的表象（phantasia）をも認めることはないにしても、すでに哲学者たちによってこの名称が神の精神による知得の形相（forma perceptionum）を意味するのに用い慣らされているから」だと言われる（AT. VII, 181）。「いかなる身体的表象を認めることはないにしても（quamvis）」という譲歩的な挿入句は、すでに慣習的に、身体的表象と重なる意味を持ちうるものとして「（神的）イデア」ないし「知得の形相」が捉えられていたことに由来するものだろう。そこでの身体的表象と「知得の形相」との近さは、もちろん「身体的」な何かであるという点にはない。そうではなく、それらが共に「表象」的な何かであるという点に懸かっている。ここから読み取れるのは、物体的・身体的ではない仕方で「表象」を可能にするようなものとして「観念／イデア」を導入したい、という意図である（「知得の形相」もまた、イデアのそのような面を強調するための用語だと考えられる）。(15) このことと先の「諸根拠」定義2の解釈とを併せ考えると、この「表象」のはたらきこそ、『省察』における表象像と観念とが重なる部

(15) 村上はテクストの直接的読解によってではなく、スコラ哲学の「イデア」説に依拠する仕方でこれを論じている。それによると、トマスにせよドゥンス・スコトゥスにせよ、イデアは「表象」の面を持っていたということである。とりわけドゥンス・スコトゥスにおいては、「表象されてある（esse repraesentatum）」というあり方が、イデアの規定において重要な位置を占めていたという指摘は興味深い。cf. 村上 2004, pp. 159–160.

分に負わされた役割なのである。そうした表象像＝観念は、物体的・身体的要素は排除された領域にあるとはいえ、「身体的表象（phantasia）」に近い表象作用を担うものである。

小　括

ここまでの議論で、『省察』における観念の対象的事象性について、その役割および表象像との関係を明らかにした。ここで、観念の対象的事象性の「表象」的なあり方について、第一節に見た整理に即して語り直してみよう。『省察』では、観念の二面性が少なくとも四つの仕方で表れていたが、ここで重要なのは以下の二つである。

②「知性の作用」／「それ（知性の作用）によって表象されたもの（repraesentata）」
③「思惟の様態」／「事物の像」

これらの二面性の表現は、どちらも「表象された（repraesentata）」や「表象像（imago）」という語によって表されていることに特徴がある。とりわけ③の「事物の像」はしばしば解釈史上の争点となってきた。というのも、デカルトはそこで「これ（事物の像）にのみ、本来、観念という名は当てはまる」（AT. VII, 37）と述べているからだ。この記述だけを見ると、観念と表象像とは同一であるように見える。さらにこの記述は、私たちがすでに確認した観念の二面性に照らしてみるならば、観念の形相的な側面よりも対象的な側面のほうがより本質的な観念のあり方だ、と言っているようにも見える。村上は、実際にいくつかの研究は、この箇所を典拠に、デカルトの観念は対象的事象性にほとんど尽きるものだと解釈しているとして、こうした潮流を批判している(16)。

しかし、観念と表象像とを同一視する解釈には慎重になるべきだろう。前節までに見たように、観念の対象的事象性は「表象像」とたしかに同一視されることもあるが、しかし無条件にではないのである。では、デカルトによる以下の記述は、どのような意図のもとでなされたものだろうか。

私の思惟の内にあるものは、いわば、ものの像であって、これにのみ、本来（proprie）、観念という名は当てはまる。［……］他のものはしかし、ある他の形相（forma）をそのうえに持っている。たとえば、私が欲するという場合、恐れるという場合、肯定するという場合、否定するという場合がすなわちそれである。これらの場合には、なるほどつねに何らかの事物を私の思惟の基体（subjectum meae cogitationis）として私は把握しているのであるが、またそれらの事物の似姿（similitudo）以上の何ものかをも思惟によって私は理解しているのであって、これらのうちのあるものは意志あるいは感情と呼ばれ、これに対し他のものは判断と呼ばれている。
（AT, VII, 37）

「本来」と言われていることの意味は、ここから明らかになる。デカルトはここで、観念と他の思惟様態を区別する意図で、「本来」という語を用いていたのである。意志や感情や判断は、事物をある仕方で映し出す「似姿」としての観念を含んではいるが、それに尽きるわけではない。事物の像としての観念を含んではいる

（16）　e.g. Wilson 2005, p. 102. なお、村上自身は、「事物の像」としての観念の規定は確定的なものではなく、「乗り越えられる規定」であるという解釈を提示している。cf. 村上 2004, p. 210.

がそれを越えた何かであるところの意志や感情や判断と、事物の像そのものとを区別し、そして後者を主として「観念」と呼ぶことを宣言しておく。「本来、事物の像にのみ観念という名があてはまる」とは、このような文脈において言われたものであった[17]。

したがって、この記述から、デカルトにおける観念が対象的事象性に尽きるものであり、観念の形相的事象性に注意を払う必要はないと結論づけることはできない。しかし、この記述がそのような解釈を促してしまうことも事実であり、実際、デカルトの同時代の幾人かの哲学者たちによって、観念と表象をほとんど同一視する仕方でデカルトの観念説は受容されることになった。この点については、第三章でふたたび取り上げることにしよう。

（17）　村上もこの「本来」という語をいかに受け取るべきかについて論じている。cf. 村上 2004, pp. 116-119.

第二章　デカルトにおける観念の形相的事象性

前章では、観念の二面性のうち「対象的事象性」の内実および意義が示された。残るは観念の「形相的事象性」であるが、対象的事象性は『省察』における重要な論証において何度も繰り返し用いられるのに対し、この形相的事象性は筆者のみるかぎり『省察』の「反論と答弁」を除く本文に一度しか登場しないという不均衡がある。先行研究においても、『省察』における観念の対象的事象性の役割や重要性はしばしば主題化されてきたのに対し、観念の形相的事象性の役割についてはほとんど問題にされてこなかった[1]。しかし、『省察』「読者への序文」において「「観念」という語のうちに二義性が潜んでいる」(AT. VII, 8)と明言されていることから、デカルト自身がこの二面性に自覚的であったことは明らかである。したがってデカルトがまったく無意味な区別を与えていると解さない限りは、観念の二面性は何らかの必然性をもって設定されたものであると考えるべきだろう。デカルトはなぜ観念に対象的事象性だけでなく、形相的事象性を付与する必要があったのだろうか。

第一節　「形相（あるいは形相的）」の多義性

私たちはまず、『省察』における「形相（あるいは形相的）」の用法を確認するところから出発する必要がある。というのも、『省察』の観念説におけるこの語の用例を、とりわけ「反論と答弁」にまで射程を広げて見てみるならば、そこには多義性があるように思われるからである[2]。あらかじめ断っておくが、ここで扱うのは

(1)　『省察』における観念の対象的事象性の重要性にかんする議論の状況については、第一章注7を参照。
(2)　この点について筆者は榮福「『省察』の観念説における質料形相論」において詳論した。本章では要点だけを扱う。

「観念」の規定に関わる用例にかぎられるのであって、その他の文脈における「形相」は扱わないこととする。[3]

まず、「形相的事象性」について確認しよう。第一章第一節においてすでに見たように、「形相的事象性」は第三省察において、「対象的事象性」と対比的な仕方で現れる。そこでは、観念の「何を表象しているか」を司る側面が対象的事象性と呼ばれ、その観念対象である事物そのものの形相的事象性、つまり「事物として何であるか」と対比させられる。その上で、観念そのものも或る意味で「事物」としての「現実的ないし形相的事象性」（AT. VII, 41）を持っており、それが「私の思惟の様態」であると言われる（AT. VII, 40）。ここで注目すべきは、その少し前の箇所で「観念が単に何らかの思惟の諸様態であるかぎり、私はそれら観念の間になんの不等性も認めない」（Ibid.）と言われていることである。それに続く箇所で「しかし、ある観念はあるものを表象し、他の観念はまた他のものを表象しているかぎり、それぞれの観念が互いに非常に異なっていることは明らかである」（AT. VII, 40）と述べられていることから、画一性と不等性とが観念の形相的事象性と対象的事象性との対比のポイントをなしていることが見て取れる。[4] 二つの「事象性」の各々がこうした特徴を備えていることは、第三省察の神の実在のアポステリオリな証明において重要な意義を持つが、この点については後述する。

この第三省察の次に「形相」に言及される印象的な箇所は、第四答弁において現れる。そこでは「観念そのものはある種の形相であって、いかなる質料によっても構成されてはいない」（AT. VII, 232）と言われており、明らかに質料と形相とが対比されている。そもそもこの記述は、第四省察における「質料的虚偽」の意味するところについてのアルノーからの質問および反論に応答するために書かれたものである。アルノーとの一連の応酬は、第三省察におけるデカルトのやや不用意な用語法に基づく説明に端を発し、それによって一部誤解したアルノーからの反論がなされ、さらにそれに対してデカルトが弁解する、といった入り組んだ三層構造をなしている。しかも、第三省察で用いられる「質料／形相」と第四答弁で用いられるそれとの間には、同じ著者によって書かれたものであるにもかかわらず、意味の隔たりがある。ここではこれ以上詳しく論じないが、差し当たり、第三省察において用いられた「質料／形相」はあくまで「虚偽」の性質を形容するものであるのに対し、第四答弁における用例は「観念」を形容するものだ、とのみ述べておこう（もちろん私たちにとって重要なのは後者である）。そしてこの第四答弁においては、先述の引用に加え、「〔……〕何ものかを表象するというかぎりにおいて、観念が考察されるその度ごとに、観念は質料的にではなくて、形相的に解されるのです」（AT, VII, 232）と述べられる。[5] ここでは、上述のように第三省察では「形相的事象性／対象的事象性」の対概念にお

（3）本章が取り扱わないだけで、もちろん観念説に関連しない「形相」や「形状」の用法もある。Gilson, *Index scolastico-cartésien* の "forma" の項に列挙されているのでそちらを参照。

（4）画一性と不等性との対比は、「読者への序文」における観念の「質料的／対象的」の区別においても見られる。スクリバーノは「序文」のこの記述は第三省察の当該の議論を念頭に書かれたのではないかと推測している。山田をはじめ、「序文」の箇所と第三省察とを平行論箇所とみなす解釈は広く受け入れられた一般的なものに思われる（山田 2006, p. 157）。しかし、この「質料的／対象的」と「形相的／対象的」との重ね合わせを認めることは、「質料的」と「形相的」を互換可能なものとみなすことでもある。哲学史上ほとんどの時代において対比的に扱われてきたはずの質料と形相とをなぜ同義のものとみなせるのかについては、依然として疑問が残るものの、このことを十分に説明した研究は管見のかぎり見出されない。多くの研究や解説書は、「質料的／形相的」という表現自体が存在しないかのように振舞っている。たとえばソレルやスミスなどは、デカルトにおける観念の二面性を説明する際に「質料的／形相的」の区別を持ち出さずに済ませており、またナドラーはこの区別に言及はするものの、他の区別との関係を説明することはない（cf. Sorrel 2000, pp. 71–76.; Smith 2017; Nadler 1989, p. 129）。これはおそらく、質料的／形相的の区別を持ち出すと話が複雑になりすぎる反面、この区別は必ずしも重要ではないものに見えるからであると思われる。たしかに、『省察』の中でこの二面性が最も有効に機能している箇所は第三省察の神の実在のアポステリオリな証明であろうが、その議論は「対象的／形相的」の区別だけで十分理解できるのである。このような理由から、「質料的」「形相的」の重ね合わせの問題は主題化を避けられてきたのが実情といえよう。

forma, -lis, -liter	forma（/materia）	formalis（/objectivus）	formaliter（/eminenter）
意味、強調点	質料形相論的な形相	現実に存在する、均質さを持つ	ぴったり一致する、余剰がない
箇所	232	40-41	41-42, 160-161

（箇所はいずれも AT 版全集 VII 巻のページ数を表す）

いて「対象的」に与えられていた意味内容が、今度はむしろ、第四答弁では「形相的」に与えられていることが見て取れる。

以上のことから言えるのは、『省察』において、観念について述べられる「対象的」や「質料的」の意味が一定であるのに対し、「形相的」の意味はほとんど逆転してしまうということである。「対象的」と対比される「形相的」は表象対象から独立した「現実に存在するもの[6]」としての性質を表すのに対し、「質料的」と対比される「形相的」は質料形相論的な意味を帯びると同時に「何ものかを表象するというかぎりにおいて」のあり方でもある。さらに、『省察』における「形相的」の用法はもう一種類存在する。それは「優勝的に（eminenter）」と対比的に言われる「形相的に（formaliter）」の用法である。この場合「形相的に」は「超越・超過している」ことに対する「（超過せず）ぴったり一致している」事態を表すのであり、上述の二つの用法のどれにも当てはまらない。

以上、私たちは『省察』の観念説に関連して用いられる「形相（あるいは形相的・形相的に）」の意味を、少なくとも三つに分類した[7]。まとめると上の表のようになる[8]。

このように、『省察』における「形相的」は多義的に用いられている。このことに起因する読解上の困難が、デカルトの観念説のうち、形相的事象性を主題とした研究がほとんどなされなかったことの一因であるように思われる。だが、上にこの多義性を整理した私たちは、もはや「形相的（形相的に）」という語の用例のすべてに振り回される必要はない。私たちにとって重要なのは表における第二の意味、すなわち「現実に存在する」という意味における用法である。というのも、これら三つの用法はいずれも観念にかんする議論に関わるものであるが、中でも観念の二面性の議論に直結するのは、「対象的」と対比されるときの用法であるからだ。次節以降では、基本的に第二の意味に当てはまる用例に絞って検討する。次節では、以上の予備的考察を踏まえ、先に見た第三省察の神の実在のアポステリオリな証明を、今度は観念の形相的事

(5) この文は以下のように続けられる。「しかし観念が、このものやあのものを表象しているのに応じてではなくて、ただ単に知性の働きであるのに応じてのみ見られるとしたならば、それは質料的に解されていると言われることがなるほどできはするでしょうが、しかしその場合には、いかなる意味でも対象の真偽が顧慮されることはなくなってしまっていることでしょう」(AT, VII, 232–233)。

(6) 第三省察では「ただ単に、その事象性が現実的(actualis)、言うなら形相的であるところの結果について明白であるのみならず、そのうちにおいてはただ対象的事象性のみが考察されるところの観念についてもまた真である」という言い換えが見られる(AT, VII, 41)。

(7) 武藤も同様の分類を行っている(武藤 1992, p. 260)。また、「形相」の意味に区別を設けない解釈もある。福居は全般的に質料―形相を受動―能動(ときに結果―原因)と重ね合わせ、形相を〈生み出しつつある〉運動の相のもとで捉えているようだが、そうだとすれば形相的事象性を互いに何らの差異を持たないものとみなす解釈とは衝突する。福居はおそらくこの無差別性を形相的事象性には帰さない(「質料的性質としての「事象性」(realitas すなわち res 性)は、事物の性質の多様性に無関心になる代りに、肯定性の多様な度をもって現れる」p. 97)が、しかしそうだとすれば、神の実在のアポステリオリな証明における観念の形相的事象性と対象的事象性との対比はきわめて曖昧になってしまうだろう。

(8) ただし、この語が少なくとも三つの意味を持つとはいえ、それらは、いずれも同じ「形相」によって表現されるべき一貫性を持ちうるだろう。その一貫性とは、筆者のみるところ、「ほんものである」という点に懸かっているように思われる。たとえば質料形相論的な文脈での「形相」は或るものの「本質」をなす、核をなすという意味に捉えることができる。「対象的事象性」と対比されるときの「形相的事象性」は、単に表象されてあるだけではなく、それ自体で「ある」事態を表す。この意味で「形相的事象性」とは、「本当の意味での事象性」というニュアンスを含むものである。観念に表象されているだけの「事象性」すなわち「ものらしさ」よりも、知性の外に現実に存在している事物のほうが真の意味で「ものらしさ」を持っている。最後に、「優勝的に」と対比されるときの「形相的に」は、「ぴったり一致する」ことを意味するが、これは「他の何でもなく、まさにそれと同じである」ことであると言える。このように近世における「形相」の多様な用例は、「ほんものである」ということを核として、緩やかに統合されうるのではないだろうか。

象性の意義に着目して再検討しよう。

第二節　第三省察における観念の形相的事象性 ――神の存在証明の厳密性との関わり

二・一　第三省察における意義――因果推論における補助的役割

観念の形相的事象性（観念の対象となる外的事物の形相的事象性ではなく）は、『省察』の「反論と答弁」を除く本文においては以下の箇所で一度しか言及されない。

この原因［＝観念の原因としての外的事物］は、私の観念のうちに、なんら自己の現実的すなわち形相的事象性を送り込みはしない［……］。むしろ、観念は――私の思惟（cogitatio）の或る様態であって――私の思惟から借りてこられる形相的事象性のほかにはなんらの形相的事象性をも、自分から要求することはない。（AT, VII, 41）

観念の形相的事象性に言及するこの記述は、第三省察の「神の実在のアポステリオリな証明」の途中に位置している。まずは、この箇所が当該の論証に対して直接的に寄与するところを検討しよう。

上記引用では、その前半においてまず、観念対象である外的事物と観念の形相的事象性との間の因果関係が否定される。形相的側面から捉えられたかぎりの観念は、外的事物を原因として持つことはない、ということである。続く後半では、観念の形相的事象性は「むしろ」、私の思惟のみから「借りてこられる」と言われる。

したがって、後半部で示されているのは観念の形相的事象性の原因の正しい所在であると考えるのが妥当である。こうして私たちは引用箇所から、「私の思惟」と「観念の形相的事象性」との間の因果関係を読み取ることができる。

それでは、「私の思惟」と「観念の形相的事象性」との間の因果関係を提示しておくことが、「神の実在のアポステリオリな証明」においてどのような意義を持つのだろうか。まず、当該の証明においては、観念の対象的事象性を結果として、その原因である神へと遡るという仕方で、つまり「結果から原因へ」の推論によって神の実在が論証されていた。このように観念の対象的事象性の原因が外的事物に求められるのに対して、観念の形相的事象性の原因は思惟そのものに求められる。つまり、観念の二側面のうち、外的事物と因果関係を取り結ぶことができるのは対象的事象性だけなのである。このことを強調しておくことで、デカルトは「結果としての観念から原因としての外的事物へ」の論証をより厳密なものとすることに成功している。というのも、それによって、観念の対象的事象性の無限な大きさの原因を外的事物ではなく「私の思惟」の内へと求める、というもう一つの探究の方向性を周到に排除することができるからである。

デカルトにおいて観念はつねに「結果」でしかないが、その「原因」は私の外（外的事物）への方向と私の内（私の思惟）への方向との二方向において考えられねばならない。たしかにある仕方では「私の思惟」も観念の原因になりうる。しかし「私の思惟」は、観念同士の間に事象性の度合いの相違を生じさせるような仕方では、「原因」になることはできない。かくして、「有限な実体の観念よりも明らかにいっそう多くの対象的事象性」の原因の探究から「私の思惟」が除外され、外的事物こそがその原因だと結論づけられるのである。

このように、ありうる原因探究のもう一つの方向性を議論の俎上に載せた上で排斥することは、可能なオプションをより網羅的に考慮に入れるという仕方で、当該の論証をより厳密なものにすることに寄与していると言えよう。しかし、このことは当該の論証にとってもあくまで補助的な役割でしかなく、観念の形相的事象性の積極的な意義と呼べるものではない。これを論じるには、テクスト分析を越え、デカルト自身は明示的に語っていないことをその体系に鑑みつつ再構成する必要がある。

二・二　『省察』の体系全体における意義――「私の思惟」への内在

観念の形相的事象性は、「私の思惟の様態」である。このことの意味をもう一度よく考えてみよう。「様態」とはそもそも、実体―様態という形而上学的な関係を背後に持つ語である。この関係を先に引用した箇所に当てはめると、「私の思惟」を実体、観念をその様態として理解できる。こうした図式での理解は、デカルトによる「実体」および「様態」の規定に鑑みれば、不当ではないことが確認できよう。『哲学原理』において実体は、第一義的には「存在するのに他の何も必要としないで存在するもの」（AT. VIII, 24）であり、この厳密な意味においては神だけが実体であると言われる。他方で、「存在するために神の協力だけしか必要としない」ものもまた実体と呼ばれうるが、神とそれ以外の諸実体は、「一義的に」実体と呼ばれるわけではないという（AT. VIII, 24）。この意味で「精神」および「物体」も実体なのであり、実体としての精神の主たる属性が「思惟（cogitatio）」である（AT. VIII, 24-25）。さらに、「精神のうちに見出される一切のことは、さまざまな思惟の様態にすぎない」（ibid.）と言われる。したがって、〈精神―思惟―思惟の様態〉の間に〈実体―属性―様態〉関係が成り立つと理解してよいだろう。同様の関係が、〈私―私の思惟―私の思惟の様態〉の間にも成り立つと考えられる。というのも、『省察』における「私」すなわちコギトの実在は、それ自体だけから、あるいは少なくともそれ自体と神だけから確証されるという意味で「実体」と呼ばれうるからである[9]。したがって、観念の形相的事象性すなわち「思惟の様態」は、「思惟実体」である私の精神ないし思惟に依存・内在しているのである。

この「観念の形相的事象性の精神への内在」という事態において、観念が形相的事象性を持つことの積極的意義が生じる。その意義とは、感覚的なものを斥けて「私の思惟」だけを直接的源泉として神および外界の実在を証明する、という『省察』全体を貫く企図を成立させることである。デカルトにとって身体的・感覚的要素は精神を欺く主たる元凶であり（のちに第六省察において成立する思惟と延長との実体的区別もこのために重要である）、私たちは感覚的なものの排除というこの動機を『省察』の随所に見て取ることができる。こうした道行は、観念が形相的事象性も持っていることによって、言い換えれば、観念が「（その表象内容が何であるかではなく）それ自体として何であるか」を問うならば〈私の精神ないし思惟へ徹底的に内在するもの〉である、ということによって、初めて可能になる。

今や、先に触れておいたデカルトへの疑義――「観念の対象的事象性」を導入した時点で外的事物の実在を前提してしまっているのではないか、という疑義――に対して、デカルトの擁護を試みることができる。まず、上述のように、観念の形相的事象性が「私の思惟」にのみ由来する純粋に思惟的なものであることは『省察』の体系にとって必要であるが、その限りでは諸観念は等しく「私の思惟の様態」であることしかできない。このように観念それ自体が「何であるか」が明らかになった上でなお諸観念を観察すれば、それらの間には内容上すなわち対象的事象性において明らかに差が見られる。そして、以上のことは私の内にある諸観念を観察することだけから導出できる。それゆえ、観念の対象的事象性を措定することは、外的事物の実在を措定することを含意しない。

（9）「コギト」がこの意味で実体であることは、多くの先行研究において認められていることである。cf. ドヴィレール 2018, p. 81.

デカルト自身、この論点先取を犯さぬよう、外界の実在を前提とせず観念だけから出発することに注意を払っている。たとえば第三省察冒頭では「たとえ私が感覚したり想像したりするものが私の外においてはおそらく無であるにしても、私が感覚および想像と名づけるあの思惟の様態は、単にそれらがある種の思惟の様態であるかぎり私のうちにあると私は確信しているからである」（AT. VII, 34）と言われている。また、第三省察の時点では「私の外」に何らかの存在が保証されても、それが「延長的事物」であると明らかにされているわけではないので、第六省察で初めて成立するはずの思惟と延長との実体的区別を第三省察に不当に持ち込んでいるのではないか、という疑義も斥けられよう。私の観念の「私の思惟への徹底的な内在」ないし純粋思惟性を知ることは、延長実体を措定することを含意しない。[10] 第三省察までにおいて明らかになるのは、「私」が思惟実体であり、観念それ自体はその「私の思惟」の「内」にありつつも内容の上では「外」に由来する、ということのみであって、その外なるものが延長的であるかどうか、といったことは未だ問題の俎上には上がってこない事柄なのである。

第三節　観念の二つの事象性と因果性の問題

前節の議論から、『省察』における観念の形相的事象性の二つの意義が指摘された。一つは、観念の形相的事象性が「私の思惟」を原因として持っていることが、第三省察における神の実在のアポステリオリな証明の厳密性を高めることに寄与しているということ。もう一つは、観念の形相的事象性が「私の思惟の様態」であるという仕方で観念の純粋思惟性が確保されることによって、感覚的なものを斥けて「私の思惟」だけを直接的源泉とし、そこから神および外界の実在を証明する、という『省察』全体を貫く企図が初めて可能になるということである。『省察』において決して明示的ではなかった観念の形相的事象性の意義は、以上の仕方で取り出されうる。

本書のここまでの議論から、『省察』における観念の対象的事象性と形相的事象性とに共通するある性質が浮かび上がってくる。それは、それらがそれぞれに因果関係を取り結んでいるということである。つまり、一方では、第一章の第二節において見たように、観念の対象的事象性は思惟外の事物を原因として持っており、他方では、本章の第二節において見たように、観念の形相的事象性は「私の思惟」そのものを原因として持っている。すでに見たように、「結果から原因へ」の遡及的な論証が成立するためには、原因が持つよりも大きな事象性を結果が持つことはありえないという公理が不可欠である（AT. VII, 40）。『省察』においてこの因果律が観念に明示的に適用されるのは、観念の対象的事象性と観念対象それ自体との間の関係においてである。これにより、神の観念から出発して神そのものの実在へ到達する、第三省察における神の実在の証明が可能となっている。このように、デカルトの観念説において事象性と因果性とは密接に結びついているように思われる。

キャローによれば、デカルト以前の従来のスコラ哲学において「対象的事象性」は「存在する」ものとみなされていなかった。因果律の観念への適用を可能にしているのは、そもそも観念を「存在するもの（l'exis-

---

（10）山田の言うように、第三省察において外的対象と観念とは「res extra me existens と idea quae in me est という仕方で明確に区別されている」が、「それらは二つの独立した実在として二元論的に立てられているわけではない」。なぜなら、「観念はコギトの中から取り出されるゆえに確実な知ではあっても、外界の事物の存在や本質はこの段階ではまだ知られていない」からである。cf. 山田 1994, p. 187.

tant）」とみなすこと、すなわち「事象性」を認めることである、とキャローは言う（Carraud 2002, p. 205.）。しかし、観念や思惟や概念に「事象性」を認めるということは、実はデカルト独自の発想ではない。マッローネは、一三世紀から一七世紀までのスコラ哲学の文献を幅広く渉猟しつつ、「対象的事象性」という語の生成と展開の歴史を詳らかにしている。そこでは、「対象的事象性」という概念はデカルトの発明ではなく、デカルトはスコトゥス的な形相主義の伝統の中ですでに主題化されていた概念を利用したのだ、ということが明らかにされる。「対象的事象性」という語が、デカルトがそこに属していないような系譜において連綿と発展していたというマッローネの主張は、デカルト哲学研究にとってインパクトを持つものであるが、ここではその詳細な検討には立ち入らない。さて、マッローネの主張に従えば、観念に「事象性」を認めるということそれ自体には、デカルトの独自性は認められないということになる。そうではなく、デカルトの独自性や革新性は、観念の対象的事象性を因果関係へと組み込んだことにこそ見出されるべきである。実際、マッローネの扱っている多くの思想家たちにおいて、観念や概念の対象的事象性に因果律を適用している例は見られないのである。[11]

　このように、デカルトによって、観念もまた因果の連鎖へと組み込まれることとなった。ただし、デカルトにおける観念は自らが原因になることはなく、つねに結果としてのみ因果関係の一端を構成するということに注意を払う必要がある。観念の二つの事象性は、外的事物や私の思惟といった原因をそれぞれに要請するものであるが、それら自身がさらなる別の結果を生むことはない。この点において、観念は、自ら結果を産出しうる物体的事物とまったく同じ仕方で因果の項を成すことができるわけではない。しかし、あくまで結果としてではあるが、観念が因果の項を成すことが可能となっているのは、観念に事象性を与えた、つまり何らかの意味で「存在するもの」として認めたからなのだと言うことは、私たちには許されているだろう。

小括　『省察』の慎重な観念説

ここまで第一章と第二章にわたって、私たちはデカルトの観念説を主著『省察』に焦点を合わせつつ扱ってきた。そこで示されたことをまとめよう。観念の二面性は非対称性も持つものの、どちらも――一方は重要な論証において明示的に、他方は暗示的ではあるが体系全体のいわば可能性の条件として――『省察』において意義を持つ。デカルトはそこで、一方では観念に精神の領域と外的事物との媒介の役割を果たさせつつ、他方では観念の純粋思惟性の確保によって身体性の介入による欺きの可能性を排除し、論証をより確実なものにしているのである。これらの両立はたしかに一見不可能にも見えるが、デカルトは針の穴に糸を通すような慎重さでもってこれを成立させようとしている。『省察』において二義的に規定された観念説の「慎重さ」[12]、あるいはこう言ってよければ「煮え切らなさ」は、こうした異なる二方向への要請を背景に理解すべきものである。以上より、感覚的なものを斥けて「私の思惟」だけを材料に神や外界の実在を証明する、という『省察』全体のプロジェクトの成否の少なくとも一部が、観念の二面性に懸けられていると私たちは結論づける。

---

(11)　たとえば、「対象的事象性」概念史においてマッローネが最重要人物と考えるトロンベッタにおいては、概念の「対象的理拠」の因果性が問題となるのだが、そこではむしろ知性を動かす原因としてのはたらきの是非が問われている。分析の結果、トロンベッタは、対象的理拠には、知性作用がそこへと向かう「終着する理拠 ratio terminandi」は認めるが、知性を動かす原因としての「動かす理拠 ratio movendi」は認めていない。つまり、この時点ではいまだ「対象的」なあり方と因果性とは切り離されている。cf. Marrone 2018, pp. 45–55.

(12)　ビュゾンとカンブシュネルの表現を借りている。cf. Buzon & Kambouchner 2011, p. 56.

最後に、私たちがとりわけ着目した観念の形相的事象性が持つ哲学史的意義に触れておきたい。観念が形相的事象性を持つということは、観念に「現実に存在する何か」としてのステータスを認めるということである。デカルトにおいて萌芽的に示唆されたこのあり方は、のちにスピノザにおいてその哲学的含意を十全に引き出され、彼独特の観念説を成立させることになる。他方でロックにおいては「対象的」側面が引き継がれるが、その後の哲学史における「観念」概念の主流をなすことになるのはこちらの側面となった。しかし、観念を「思惟の様態」として、ある意味では「延長の様態」すなわち物体的事物と同じように「現実に存在する何か」とみなす側面こそ、観念を単に認識論的にのみならず存在論的にも捉えようとした、一七世紀観念説の一つの特異性を示すものではないだろうか。次章ではこの点について、哲学史的文脈において論じることを試みよう。

第三章　デカルト以後の展開

——近世的「観念」概念の成立におけるスピノザの特異性

デカルトの観念説は、前章までに見たように二面性を含むものであるが、二面的な諸規定はしかし、それほど整理された仕方では提示されていなかった。このことは、現代の解釈者たちに多様な読解を許すだけでなく、デカルトの同時代においても、結果的に多様な仕方での受容を引き起こすものであった。デカルトの二面的な観念説は、その後どのように受容され展開されたのだろうか。本章ではデカルトの影響を受けた同時代人たちの観念説を概観しよう。あらかじめ断っておかねばならないのは、ここでは彼ら一人一人の観念説および認識理論の解釈に詳しく立ち入る余裕はないため、あくまで概略を示すにとどまるということである。私たちは、アルノー、マルブランシュ、ロック、そしてスピノザの観念説を順に見ていこう。

第一節　アルノー（1612–1694）およびマルブランシュ（1638–1715）

デカルトの影響下における観念説のその後の展開を概観するにあたって、哲学史において非常に有名な「アルノー・マルブランシュ論争」を取り上げないわけにはいかない。現在でも一七世紀の代表的な哲学者の一人とみなされているマルブランシュだけでなく、アルノーも当時非常に大きな影響力を持った哲学者・神学者であり、彼を独立した思想体系を持った哲学者として再評価する向きもある（cf. Nadler 1989, p. vii）。アルノー・マルブランシュ論争は、まさしくデカルトの観念の二面性に端を発していると言ってよい。以下では両者の主張を簡単に見ていく。

アルノーの観念説の特徴は、以下のような記述に端的に現れている。

私は知覚（perception）と観念（idée）とを同一のものとみなすと言った。しかし、この事物は単一ではあるものの、二つの関係（rapport）を持っているということに注意せねばならない。一方は、この事物が変状させるところの精神に対する関係である。他方は、精神において対象的に存在するものとしての、知覚された事物に対する関係である。そして、知覚という語は前者の関係を、観念という語は後者の関係をより直接的に指示するのである。平方の知覚は平方を知覚するものとしての私の精神を、より直接的に指示するのであり、平方の観念は私の精神のうちに対象的に存在するものとしての平方を、より直接的に指示しているのである。[1]

ナドラーによれば、アルノーは「外的対象の真なる知覚においては、知覚という精神作用と、知覚される外的事物しか存在しない」と考えていると言う。上の引用で言われているように、同一の精神作用が、「精神作用としての能力という観点からは〝知覚〟と呼ばれ、精神外のなにかを表象する能力の観点からは〝観念〟と呼ばれる」（Nadler 1989, p. 127）。しかし、ナドラーの解釈に反して、上記の引用はむしろアルノーの観念説の二面性を示すものであるように見えるかもしれない。とはいえ、アルノーがデカルトの観念説の二面性をそれほど忠実に引き継いでいるとは思われない。というのも、デカルトには観念の「形相的事象性」すなわち「思惟の様態」としての規定があるが、こうした形而上学的な存在者としての規定は、アルノーにおいては捨象されているからである。実際、たとえば、アルノーの観念説が体系的に展開される『真なる観念と偽なる観念について』第五章においては、「対象的に（objectivement）」という語は多用されているものの、対になるべき「形相的に（formellement）」という語は見出されない（OPA, 43-50）。このように、留保は付されるものの、アルノーにおいて「観念」は「知覚（知覚作用）」と同一視されるものであることは疑いない。したがってアルノーは、ナドラーによれば、観念＝知覚作用と対象事物との間に「表象像」のような中間物を認めない、直接実在論の立場を採っていると言える（cf. Nadler 1989, p. 107.）。

このようなアルノーの見解に対し、マルブランシュは以下のように言う。

> したがってそれ［精神］は、それ自身によってそれら［諸対象］を見ているのではまったくない。我々の精神が、たとえば、太陽を見るとき、我々の精神の直接的対象は太陽ではなく、むしろ我々の魂に緊密に結合している何かあるものである。そしてこれこそ私が観念と呼ぶところのものである。このように、観念というこの語によって、私はここで、精神が何かある対象を知覚する際に、精神の直接的対象であるもの、あるいは精神の最も近くにあるもの以外の何ものも理解しない。（OC, I, 413-414）

ここでは、「精神の直接的対象」が観念であると言われている。思惟と延長とを厳格に区別するマルブランシュにおいては、アルノーのように知覚作用と対象事物とが直接的に接続することは不可能である。思惟と延長との厳格な区別のもとでそれらを接続するためには、超越的な神に媒介の機能を果たさせる必要がある。実際、「アルノー氏への応答」では「観念は神のうちにあり、また我々は観念をみる」（OC, VI, 67）と言われる。そしてマルブランシュにとって当然のことながら、神のうちに不明瞭な観念があるとは考えられえない。したがって、「観念と明晰な観念とを私は同じものと解する」（OC, VI, 160）のである。このような、人間精神と観念との切り離しおよびそれらの「機会原因論」的な接続が、マルブランシュの観念説の特徴であるといえよう。(2)

（1）Simon, J. (ed.), *Oeuvres philosophiques de Antoine Arnauld*, p. 51. なお、以下では著作名をOPAと略記する。

（2）この「神のうちに見る」理説によって精神と物体を架橋する道はしかし、『真理の探究』第五版以降の結論であることに注意が必要である。『真理の探究』は第六版まで改稿を重ねつつ出版されたが、その中で「精神が物体をいかに認識するか」の説明方法には変遷が見られるからだ。木田によれば、『真理の探求』第三版においては、「観念（あるいは叡智的延長）を神の内に見る」理説は、精神による物体の認識が可能になるための土台を提供するものにすぎず、実際に精神に感覚を惹き起こす実効性を担うのは「心身結合の法則」であった（木田 2009, p. 50 : p. 52）。この「観念を神の内に見る」理説と「心身結合の法則」との二本立てで説明されていた第三版の段階から、第五版においては「観念を神のうちに見さて、以上に見た両者の主張から争点を取り出すならば、「観念は知覚作用そのものなのか（アルノー）、それとも知覚作用の対象なのか（マルブランシュ）」ということになるだろう。このうち前者のあり方は、ナドラーが「精神作用（mental act あるいは act of perception）」（Nadler 1989, p. 107.）という語彙を用いて説明しているように、デカルトの二面性のうち「知性の作用（operatio）」と呼ばれていたあり方に近い。対して後者のあり方は、二面性のうち「表象像」と呼ばれていたあり方に近い。両者の対立は、藤江が指摘するように、単なる個人的見解の対立ではなく、デカルトの観念説の解釈上の対立でもあった（藤江 1984, p. 110.）。実際に彼らはデカルトのテクストを引きつつ議論している。第一章において見たように、デカルトの観念説の二面性はたしかに自覚的に提示されはするが、両者がいかなる関係にあり、いかにして両立可能かといったことについては説明が与えられなかったため、その観念説は解釈の幅を許すものとなっている。アルノー・マルブランシュ論争は、明らかにこうしたデカルトの観念説の二面性に端を発しているのである。

第二節　ロック（1632–1704）

ロックもまた、デカルトの影響下にあった哲学者の一人である。ロックは『人間知性論』において以下のように言う。

この際まず初めに、［……］観念という語を頻繁に用いたことを読者に許していただかなければならない。この語は、およそ人間が考えるとき、知性の対象であるものを表すのに最も役立つと私が思う名辞なので、私は心象、思念、形象の意味するいっさい（whatever is meant by Phantasm, Notion, Species）を、いいかえると、思考に際して心がたずさわることのできるいっさいを、表現するのにこの語を使ってしまい、頻繁に使わないわけにはいかなかったのである。（Locke *Essay*, p. 47）

ここでは観念は、「心象、思念、形象」と言い換えられている。これらはまさしく、私たちが頭の中に描く像のようなものだと理解してよいだろう。冨田の言うように、「ロックの観念説においては、物と心との間に観念が入り込み、三項関係的枠組みを構成している」(3)。つまり、観念は「表象像」のようなものであり、かつ心そのものとは別のものとして捉えられているのである。また、神野によれば、「ロックにおいては、アイデアという言葉は、現代でいうと感覚知覚をも指すものとなる」（神野 2011, p. 39）。よく知られるように、あらゆる観念の「経験」による獲得を主張するロックにおいては、観念は決して感覚的なものから切り離されたものではありえないのである。したがって、ロックの観念説はデカルトの「観念＝表象像」説を引き継いだものであり、またその「表象像」としての「観念」が感覚と結びついている点に特徴を見出すことができる。

る」理説へと一本化される段階にいたる。この段階では、「叡智的延長による触発」の理論が導入されることで、神の内にある叡智的延長が単なる一般性の原理であるだけでなく、精神に作用する実効性をも獲得することになる（ibid., p. 53）。木田は、叡智的延長が実効性をも帯びる段階では、心身結合理論はその存在意義を失い、「叡智的延長による触発」理論に吸収合併されるのだと言う（ibid., p. 56）。木田によれば、叡智的延長が実効性を獲得したことは、機会原因論が心身関係から幾何学的認識へとその適用範囲を拡張させていった帰結でもある。いいかえれば、神へと力能を集中させた帰結なのである（ibid., pp. 55–56）。

（3）　cf. 冨田 2006, p. 42. なお、ここで言われている「物」とは、冨田によれば、「一次性質とそれに基づく能力だけを持つ、知覚不可能な粒子の一つ、もしくはその集合体」である。他方でロックは、私たちが経験的に「物」だと考えているような対象を、「心の内なる観念」だと捉える（冨田 2006, p. 72）。ロックの三項関係の成立に際しては、このような経験的対象の心的現象へのいわば格下げが起こっている。

ロックは、自らの認識論を「観念の方法（way of ideas）」と呼んでいることからも明らかなように、認識における重要な役割を観念に見出していた（*The Works of John Locke*, p. 40.）。この表現はウスター司教スティングフリートへの書簡において多く見られる。そこでは、思惟実体が非物質的であることを確実性をもって証明するのに「観念の方法」が役に立たないではないか、という指摘に対し、仮にそうであるとしても「観念の方法」自体が非難されるべきではないという自説の弁護が展開されている。(4)(5) ここから分かることは、ロックにとって観念を通じた認識の方法は万能ではなく、たとえば「思惟実体が非物質的であること」のような形而上学的な事柄には適用できないものだということである。上述の神野の意見と併せ考えるに、ロックにとって観念を媒介とした認識方法は、あくまで身近で物質的な現象を認識するのに適した方法であったと言えよう。この点において、観念を通じて神の存在の証明を行うデカルトの場合とは、観念に課せられた役割が大きく異なっているのである。

このように、ロックが観念を基本的に表象像とみなしていたことは明らかであるが、ロックの観念説はそれだけにとどまらないという解釈もある。冨田は、ロックが「実体一般の思念」と呼ぶ実体の観念が、単に感覚的な刺激が脳に伝わることで形成されるものではなく、概念的に「想定された」ものであることに着目する。このことを起点として、冨田は三角形の二種類の観念の関係へと議論を展開している。すなわち、個々の三角形の観念は可感的な観念（＝心像）であり、これに対し三角形の一般観念は、可知的観念・概念的観念である。この二種類の観念は、一般観念を一般的な名称が「表示する（signify）」という関係にあり、この関係は、ロックの指示理論や言語論に関する研究において注目されてきたものだと言う（cf. 冨田 2006, pp. 72–115.）。冨田の言うように、ロックの観念説には、たしかに観念＝表象像説を採ったということにとどまらない、デカルトの観念説からの新しい展開が見られるのである。

（4）*The Works of John Locke*, pp. 39-40. なお、書簡の該当箇所は以下のようになっている。「ここで、私が精神（spirit）の観念について述べたことを差し置いても、我々の観念から、我々の中にある精神が物質的実体であるか否かを決定することは不可能であると論じた後、閣下はこの段落をこう結んでいる。「ということは、これは我々を理性の確実性へともたらす優れた方法ではないのではないですか？」

私は以下のように答えます。私は、私が確実なものとして提示したこれらのことがらにおいて、それは我々に確実性をもたらす方法であると考えるのであって、私はこの方法が、私たちが決して確実性に達することのできない、確実性への道であると考えたことはありません。また、もし閣下が、私たちの中にある精神の非物質性と同様に、この方法が私たちを確信に至らせないような、他の一〇〇の事柄を例示されたとしても、私は打ち負かされたとは思わないでしょう。同時に、閣下が、この観念の方法が失敗した点で、私たちを確信に導く別の方法を示してくださらない限りは。もし、閣下や他のどなたかが、より良い方法を示してくださるなら、私は学ぶ用意があり、私は観念の方法はしまっておくでしょう。観念の方法は、哲学の側から言えば（from philosophy）、私たちの中にある思惟実体が非物質的であることの証明を与えることはできません。それについて閣下がお尋ねになります。「理性の確実性を得るための優れた方法ではないのですか？」　閣下が観念の方法に対して対置させている議論の方法は、哲学の側から、私たちの中の思惟実体が非物質的であることの証明を、同様にほとんど与えないだろうと、私は謙虚に考えています。そこで、誰もが同様に、「これこそ、我々を理性の確実性へともたらす優れた方法ではないか」と問うのではないでしょうか。閣下、お願いですが、理性がそのような確実性に到達できない点［話題］において確実性に到達させないという理由で、ある方法が、私たちを確実性、論証的確実性へともたらす悪い方法として非難されるべきでしょうか？　代数学は、数学において我々を確実性へともたらす方法です。しかし、数学には、代数学の方法では確実性を得ることができない問題があるからといって、それ［代数学］は悪い方法としてただちに非難されなければならないのでしょうか？」（拙訳）

（5）なお、「観念の方法」という語は、ロックの同時代人によってしばしば批判的に用いられてもいる。たとえばJohn Sergeant, *Transnatual Philosophy, or Metaphysicks*, 1700では以下のように言われる。「一言で言えば、観念は理解不可能であると同時に、まったく無用のものであり、（私が恐れるに）著者の意図に反してそれらが悪用されているのである。そうではなく、観念の方法は脇に置かれるくらいが、否、まさしくそのような流行を得た言葉は、誰も理解できないような言葉を使わなければならない正当な理由がない限り、もはや耳にすることはないくらいが相応しいのだ」（Yolton 1968, pp. 90-91）。

小括

ここまでに私たちは、アルノー、マルブランシュ、ロックの観念説を取り上げることで(6)、彼らにおける観念のあり方が、各々の認識論や形而上学的体系と密接に結びついた三者三様のものとなっているさまを概観することができた。ここで、前章までの内容も踏まえつつ、それらをデカルトの観念説との関係という観点からまとめ直そう。まず、アルノー・マルブランシュ論争においては、観念が精神作用そのものなのか、それとも精神作用とは区別された対象なのかという点が争点となっていた。実際、アルノーとマルブランシュの観念説はこの点において対比的である。この観点から見るならば、ロックの観念説もまた観念を精神とは区別された対象とみなすかぎりで、マルブランシュと同じ側に立っている。

以上のようなポスト・デカルトの観念説をデカルト本人のものと比較するならば、まず、後続者たちの観念説においては「観念」がほぼ一義的に説明可能なものであることが指摘されよう。その上で、彼らの観念説はいずれもデカルトの観念説を部分的に継承したものであることが見て取れる。デカルトの観念説は「観念＝知性の作用（あるいは思惟の様態）」と「観念＝表象像」という二義的な規定を持っていた。そうした二面性のうち、アルノーによって前者が、マルブランシュやロックによって後者が継承され、各々の思想体系の中で独自の発展を遂げたのである。

ここから逆に、前章までに見た観念の二面性は、デカルトの観念説に固有の特徴だということも言える。本書の序論において述べたように、人間の認識に関わるものとしての新しい「観念」概念を成立させたのはデカルトである。しかし、そのデカルトが提示した観念説は二面的で、しかもその提示の仕方は二側面の関係付けを欠いたものであった。したがって、デカルトの観念説が二面的であり、かつ二側面の関係について充分に説明されなかったことが、デカルト以降に多様な観念説が展開されることとなった要因の一つだ、ということは少なくとも言えるだろう。近世的「観念」概念の展開は、デカルトの二面的な観念説を出発点として、このような図式のもとで捉え直すことができる。

以上の見取り図のもとで私たちは、スピノザの観念説についてどのような特徴を見出すことができるだろうか。以下では、この見取り図を念頭に、スピノザを近世的観念説の展開のなかに位置付けることを試みよう。

(6)　本節にライプニッツの名が挙がらなかったことは疑問に思われるかもしれない。ここで簡単にライプニッツの観念説に触れ、本文中で扱わなかった理由を述べたい。ライプニッツの観念説は、一言で言えば「観念は能力である」というものである（cf.「観念とは何か」『ライプニッツ著作集8』1990, pp. 19–24）。そしてこの観念説もまたデカルトに淵源していると考えられる。というのも、デカルトは晩年、「掲貼文書への覚え書」において「生得観念が思惟する能力と異なるものであるとは判断しなかった」（AT. VIII-2, 357）と述べているからだ。したがってライプニッツの観念説もまた、デカルトの多義的な観念説のある面を継承・発展させたものとして捉えることが可能である。しかしながら、初期や晩年の観念説とその変遷を網羅的に扱うことは本章の手に余るので、本章では『省察』における観念説に考察の範囲を限定している。以上のような理由から、表象像／思惟様態の二面性という枠組みからは逸脱する「掲貼文書への覚え書」からライプニッツの観念説への流れを本文中で扱うことはしなかった。デカルト観念説の継承の仕方の違いという観点からスピノザとライプニッツを比較することは、本書の後に残された魅力的な課題だと言えよう。

第三節 スピノザの観念説の特異性

本節では、スピノザの観念説を主著『エチカ』を中心に再構成する。ここでは本章の目的に沿って、観念の「真偽」に関わる記述ではなく、観念そのものの存在や本性に関わる記述を取り上げる。また、ここでの目的は近世における観念説の見取り図の中にスピノザをひとまず置いてみることにある。そのため、スピノザの観念説の内実に深く踏み込むことはしないことを断っておく。

さて、スピノザの観念説を見ていく際には、まず以下のことを大前提として留意しておかねばならない。すなわち、スピノザにおいて「観念」と言われる場合、それが必ずしも「人間精神が持つ観念」とは限らないということである。『エチカ』において観念説は主に第二部において展開される。第一部においては、実体―属性―様態の三項構造やそれぞれの存在論的身分が、どの属性にも通用する仕方で一般的に明らかにされる。第二部においてようやく、神あるいは実体の持つ無限な属性のうちに、延長するものと思惟するものとが含まれることが明らかにされ、この思惟の属性において「観念」が成立する。そして、「人間身体を対象とするような観念」が「人間精神」だと言われる。言い換えれば、本書第七章で詳述するように、「観念」一般に何らかの制限を加えたものが「人間精神」なのである。したがって、端的に「観念」と言われる場合、それは無条件に「人間精神が持つ観念」を意味するわけではない。デカルト、アルノー、ロックにおいては、「観念」と言われる際に「人間精神が持つ観念」を想定しても基本的に問題なかった。マルブランシュにおいても、たしかに観念は人間精神のうちにではなく神のうちにあるものだと言われてはいるが、観念は「精神が何かある対象を知覚する際に、［……］精神の最も近くにあるもの以外の何もの」でもないと言われており（OC, I, 413-414）、観念は人間の認識との関わりにおいて規定されるものである。しかし、スピノザにおいては、人間が持つと持たないとにかかわらず、観念はすでにつねに、実体あるいは神のうちにある。それゆえ上野の言うように、「精神なんかなくても、ただ端的に、考えがある、観念がある、という雰囲気で臨まねばならない」のである（cf. 上野 2005, p. 108.）。

以上のことに留意しつつ、実際にスピノザの記述を見ていこう。まずは、デカルトとの対比においてよく取り上げられる以下の箇所を見てみよう。

E2p48s［……］思惟を絵画に堕さしめないようにしてもらいたい。なぜなら私は、観念を、眼底に形成される――脳の中央に形成される、と言いたければ言ってもよい――表象像（imago）とは解さずに、思惟の概念［把握作用］と解するからである。

ここでスピノザは、「表象像」を「絵画」に喩え、それらと観念とが区別されねばならないと主張している。こうした表象像として理解された観念の否定は、以下のような箇所にも現れている。

E2p49s［……］私は読者に、観念あるいは精神の概念と、我々が表象する事物の表象像とを、正確に区別すべきことを注意する。［……］彼らは観念を画板の上の無言の絵のごとくに見ているのである。そしてこの偏見にとらわれて彼らは、観念は観念であるかぎりにおいて肯定ないし否定を含んでいるということに気付かないのである。

表象像は「画板の上の無言の絵」と喩えられ、やはり観念をそのようなものと捉える見方が批判されている。さて、このような「絵画」「無言の絵」と喩えられるような「表象像」は、デカルトやマルブランシュ、ロックが主張した表象像としての観念のあり方と一致するだろうか。ここで、スピノザが上記の二つの引用を含む定理およびその備考で主張したかったことを確認しておこう。これらは共に、「意志作用が観念そのものとは別に存在するわけではない」こと、逆から言えば「観念そのものが意志作用を含む」ことを主張する文脈の中に置かれたものである。そうした主張は、「精神は意志作用によって任意の観念を意志する」という説明モデルを斥けることと表裏一体となっている。この仮想敵としての説明モデルにおいては、観念は精神や知性の作用そのものとは切り離された、むしろそうした作用の対象となるようなものである。こうした観念のあり方は、まさしくデカルトからマルブランシュ、ロックに引き継がれた表象像としてのあり方であると言えよう。この意味で、彼らの見解に明確に反する立場にスピノザは立っている(7)。

このように、スピノザは、観念が「表象像」すなわち「無言の絵」ではないことを強調する。ここで、前節で行ったのと同様に、スピノザの観念説をデカルトの継承の観点から考察してみよう。上にまとめたような特徴をもつスピノザの観念説は、一見、本章第一節で見たアルノーのものに近いように思われる。デカルトの観念説の二面性のうち、「観念＝表象像」説をとったマルブランシュやロックに対し、アルノーは「観念＝知性の作用」説をとった。上に述べたように、スピノザもまた観念に内在する肯定ないし否定する作用の側面を強調している。スピノザとアルノーは、観念を精神作用と不可分のものとみなし、「観念＝表象像」という見方を明確に批判している点で共通している。では、スピノザの観念説はアルノーと同様に、デカルトの観念説の二面性のうち「観念＝知性の作用」説をほぼ一義的に採用している——このように結論づけることは可能だろうか。

しかし、実はそうではない。というのも、スピノザの観念説もまた、デカルトと同様に二面的な枠組みを持っているからだ。『エチカ』には、以下のような文言が見出される。

2p5d［……］観念の形相的有（esse formale）は（それ自体明白なように）思惟の様態である。言いかえれば思惟するものであるかぎりにおいての神の本性をある一定の仕方で表現する様態である。

2p8c［……］個物がただ神の属性の中に包容されているかぎりにおいてのみ存在する間は、個物の対象的有（esse objectivum）すなわち個物の観念は神の無限な観念が存在するかぎりにおいてのみ存在する。

この二つの引用を見ると、後者においては観念が「対象的有」と言い換えられている一方で、前者においては観念が「形相的有」も持っていることが示されている。ここには、デカルトの観念説において二面性を表現するのに用いられていた「形相的／対象的」という近世スコラ由来の対立軸が、スピノザの観念説においても保持されていることが見て取れる。

前章までに見たように、デカルトの観念説は二面的であったが、アルノー、ロック、マルブランシュはそれぞれ二面性の一方のみを継承し、ほぼ一義的な「観念」概念を提示していた。したがって、彼らとほぼ同時期に活躍したポスト・デカルトの哲学者としてスピノザの観念説を特徴づけるならば、デカルトの観念説の二面性のどちらか一方を継承するのではなく二面的構造そのものを継承している点に一つ大きな特徴を有していると言ってよいだろう。

以上の議論により、デカルトの観念説を出発点とする近世的観念説の見取り図のもとでは、スピノザを「二

（7）実は『エチカ』第二部において、観念の「定義」も冒頭でなされている。しかし、この定義は、しばしば指摘されるように問題含みのものであるため、ここでは扱わない。私たちは、第六章および第七章において観念の定義について論じるだろう。

面的な観念説の継承者」として位置付けることができる。ここにおいて、本章はある程度その目的を果たした。しかし、ここにはさらなる問いが生じる。まず、スピノザとデカルトの観念説の二面性は、その内容を完全に同じくするものではない。では、両者の違いはどのような点にあるのだろうか。また、スピノザの観念説は二面性を保持している一方で、アルノーに通じるような観念の活動性・能動性の強調という特徴も持っている。こうした特徴と二面性の保持とは、スピノザの中でいかにして両立しうるのだろうか。疑問は尽きないが、デカルトの二面的な観念説を出発点として近世的観念説の展開を跡づけ、その枠組みのなかにスピノザを位置付ける試みが一定の実りをもたらすものであることは、少なくとも示すことができたように思われる。ここまでに論じたことを前提として、以下では、スピノザの観念説へ分け入ろう。私たちは第二部において観念のとりわけ形相的な側面に着目し、そこからスピノザの形而上学的体系にもたらされる帰結を考察する。第三部では、今度は観念の対象的側面を中心として、スピノザの独自の認識論の内実に迫ろう。

第二部　観念の存在

——観念の二面性の継承から平行論の成立へ

第一部では、まずデカルトにおける観念には「二義性」と呼ばれる二つの側面があることを確認した上で、ロックやアルノー、マルブランシュとの比較を通じ、スピノザの観念説の特徴を〈デカルト的二面性の継承〉に見出した。第二部では、観念のこの二面性を足がかりとしつつ、このことがスピノザの体系全体に何をもたらしているのか、とりわけデカルトからいかなる仕方で逸脱しているかを明らかにしたい。

ここで、第二部を貫く問題意識をより明確にしておく必要があるだろう。まず、ある哲学者の観念説を再構成しようとする試みは、一般に、観念の表象機能と、それによって表象される対象との間の関係を明らかにする試みとほとんど一体となっている場合が多い。たとえば村上勝三は『観念と存在』において、デカルトの観念説の二面性の意義を解明することを重要な課題だと捉え、初期の『精神指導の規則』から『省察』、そしてその「反論と答弁」以降の思索へ、と三段階に区分しその発展を追跡することで、この課題を果たしている[1]。そしてこの段階区分は、〈「観念」と対象との関係〉を機軸としてなされているのである（村上 2004, p. 79）。そこでは、精緻な読解に基づいて、デカルトの観念の表象機能としての側面（対象的事象性）だけでなく、それが

（1） 村上はこの課題のもつ射程を次のように表現する。「この課題を成し遂げることによってデカルト的「観念」説の展開を呈示しうるばかりでなく、マルブランシュの「内的感得つまり意識 sentiment intérieur ou conscience」という捉え方の含意するところ、「我々は自分の心について明晰な観念をもたない」という彼の見解の意義、延いては「意識」という概念が哲学的主題となり行く事柄上の経緯、更には近世的「意識」概念の意義へと光を照射することも可能になるはずである」（村上 2004, p. 80）。私たちもまた、村上とともに、デカルトの観念説の二面性を探求することの「豊饒さ」を主張したい（Ibid., p. 80）。そしてそれは確かに、近世以降の「意識」概念の起源の探求としての意義も持っているだろう。しかし他方で、そういった「意識」を中心とする哲学の潮流とは別のところでも、観念説の探求は意義を持つものであるように思われる（ドゥルーズがスピノザの哲学に「無意識」にあたる領域を見出したことは示唆的だ）。本書では、スピノザの観念説を中心的に扱うことで、「意識」中心的な観念説とは異なる観念説のあり方を示す。そのことはまた、デカルトの二面的な観念説がもたらす帰結のさらなる「豊饒さ」を示すことでもあるだろう。

純粋に精神の側に属さねばならない、という側面（形相的事象性）にも注意が払われており、この意味で村上の研究は本書の優れた先達の一つであることは疑いない。

しかし、デカルトではなくスピノザの観念説を主眼とする本書第二部では、『観念と存在』の問題意識をそのまま引き継ぐことはできない。スピノザの観念説を研究対象とするとき、観念とその対象となる存在との間の関係をまず主眼とすることは、本質を見誤ることにつながりかねない。というのも、すでに本書の序論で述べたように、スピノザの観念は人間の心のうちにあるというよりも、第一義的には、まず神の中にあるものだからだ。そのような神ないし世界の中に「ある」観念のあり方は、〈「観念」と対象との関係〉を機軸としてなされる探求とは異なる観点からの探求を必然的に要請する。それゆえ本書では、観念とその対象との間に成立する表象関係を扱うよりも前に、スピノザにおいて観念とはそもそもいかなる存在なのか、という問いに取り組みたい。ここでは探求の重心移動が求められる。すなわち、〈観念と存在〉が問題になるのではなく、〈観念の存在〉が問題になるのである[2]。

このことは、より局所的には、観念の二側面、すなわち形相的側面と対象的側面のうち、どちらを重視するかをめぐるスピノザの重心移動と対応している。第一部で明らかにしたように、デカルトは観念の二面性のうち、対象的側面のほうを全面的に展開したのであり、形相的側面には少なくとも明示的な役割を与えなかった。これに対し、スピノザはE2p5において観念の形相的なあり方を強調しており、さらにこの強調点はのちに見るように、スピノザの独自の平行論の成立へと展開してゆく。デカルトとスピノザの間で、対象的側面から形相的側面への重心移動が起こっているのである。この点は、スピノザがデカルトの観念説の二面性を継承しつつも、端的に変更を加えている点である。

以上の問題意識のもと、次章からの議論は以下のように進行する。まず第四章では、上述のような「対象的」側面から「形相的」側面への重心の移行が具体的にどのような仕方でなされているのかを、『エチカ』第二部定理五、定理六および定理七を中心とするテクストに即して明らかにする。そこでは、それらの対概念、とりわけ観念の「形相的有」が平行論という独自の体系の成立において重要な役割を果たしていることが明らかになる。次に第五章では、そもそも平行論とはいかなる体系であるのかをより詳細に見ていく。そこではまず、『エチカ』におけるいわゆる平行論の諸要素を抽出し、次にそれらが『知性改善論』『短論文』といった初期著作においてどのように胚胎されていたのかを考察する。この考察を通じ、スピノザの平行論的体系にとって重要な、体系全体における系列同士の「一致」という要素が浮かび上がってくる。この全体における一致が理論的に先行しているゆえに、スピノザの観念説は必然的に存在論的にならざるをえないのである。第六章では、前章で明らかにしたような『エチカ』の平行論的体系のうち、系列全体の一致とともに重要な要素として

(2) ここで、「形而上学的思想」第一部第二章の主題となる「存在」の四つのあり方の一つである「観念の存在（esse ideae）」が想起されるかもしれない。しかし、筆者がここで「観念の存在」が問題となると言うとき、CM のこの概念が必ずしも念頭にあるわけではない。スピノザは次のように言う。「まず初めに本質の存在（esse essentiae）とは、被造物が神の属性のうちに包括される様態にほかならない。次に観念の存在とは、いっさいが神の観念のうちに対象的に含まれているかぎりにおいて言われる。さらに可能の存在（esse potentiae）とは、まだ存在しないいっさいを意志の自由にもとづいて創造しえた神の能力にかんしてのみ言われる。最後に実在の存在（esse existentiae）とは、神を離れてそれ自身で見られた事物の本質そのものである」。ここでの区別は、各々の事物がこの四つの枠組みのどれかに分類されるという類のものではなく、同一の事物が四つの観点から見られることができるという類のものであろう。たとえば私の自転車は、本質の存在として神の属性のうちに含まれているし、観念の存在として神の観念のうちに含まれてもいる。さらに、可能の存在として、神がその自転車を自由に創造しえた力能を示してもいるし、実在の存在として、神から離れた事物そのものでもある。つまり、ここで示される四通りの「存在 esse」とは、事物の四通りの「あり方」とも言うべきものである。これに対し、本書第二部のモチーフとしての「観念の存在」は、「諸事物が表象された際の観念としてのあり方」を意味するというよりも、「諸観念が観念として持つ存在論的身分」を意味する。

抽出された因果的独立性に着目する。この因果的独立性が観念説に与える大きな効果については、すでに先行研究において取り扱われてきた。本章では、デラ・ロッカの議論の批判を通じ、デカルトと比較した場合のスピノザの議論の独自性とはどこにあるのかを再検討する。そこでは、スピノザのデカルトからの逸脱が明らかになるだろう。

第四章　スピノザにおける観念の二面性

スピノザにおける観念の二面性は、デカルトと共有された対概念である「形相的」と「対象的」との対比によって表される。筆者の見るところ、これらの語の意味内容自体には大きな違いはないが、その用いられ方には違いがある。結論を先取りすることになるが、デカルトは対象的側面を重視した一方で、形相的側面に明示的な役割を与えていなかったのに対し、スピノザは形相的側面を重視する一方で、対象的側面を用いてデカルトが行った重要な議論を捨象してしまう。では、こうした違いが生じてくるスピノザの議論を、具体的にみていこう。

第一節　「観念の形相的有」の導入

まずは、観念の二面性のうち形相的と言われる側面をみていこう。これを明らかにするためには、E2p5からE2p6cにかけての流れを概観するのがよいだろう。まず、E2p5では以下のように言われる。

E2p5　観念の形相的有（esse formale）は、神が思惟する事物（res cogitans）と見られるかぎりにおいてのみ神を原因と認め、神が他の属性によって説明されるかぎりにおいてはそうでない。言い換えれば、神の属性の観念ならびに個物の観念は観念された事物自身あるいは知覚された事物自身を起成原因と認めずに、神が思惟する事物であるかぎりにおいて神自身を起成原因と認める。（下線引用者）

この定理は前章でも引用されたものだが、ここではさらに内容に踏み込んで解釈を試みたい。一文目では、「観念の形相的有」の原因は思惟する事物としての神であり、その他の属性ではない、ということが示される。

すなわち、〈思惟以外の事物から思惟する事物へ〉の因果作用が否定されている。ただし、これはニュートラルで一般的な表現であって、スピノザの焦点がどこに合わせられているかはむしろ二文目から読み取れるだろう。つまり、観念は観念対象を原因と認めない、ということである（下線部）。「言い換えれば（Hoc est）」とあるが、実際には一文目と二文目は等価ではなく、一文目で思惟以外の任意の属性について一般的に斥けられた見方の典型例が、二文目の「観念された事物自身」を観念の原因とみなす見方だ、という関係にある。ここでスピノザが特に斥けようとした見方は、観念対象から観念への因果作用を認める見方だったとまとめることができるだろう。

ここで、スピノザが反対している観念対象から観念への因果作用を認める見解とは、具体的に誰の立場を指しうるかを考えてみよう。スピノザが誰を仮想敵としているかは推測するしかないが、デカルトではないか、と考えることは一定の蓋然性を持つ。本書第一部において、第三省察における神の実在の証明について確認したことを思い起こそう。そこでは、一方で観念の「対象的事象性」が結果とみなされ、他方で観念対象である外的事物の「形相的事象性」がその原因とみなされていた。ここでは、「対象的事象性」という観念の二面性のうち一面に限定されているとはいえ、観念対象から観念への因果作用が認められている。[1] ちなみに、こうした見方は同時代的な共通性のもとに捉えられるものでもある。山内はフーコーの記号論を引きつつ、近世の認識論は媒介を嫌い、二元的枠組みを成立させたことを論じている（山内 2013, pp. 74–81）。「ルネサンスにおいては、記号と記号対象を媒介する紐帯は、類似性であったが、その紐帯は古典主義に入って失われ［……］記号と記号対象は直接的に結びつくようになる」（山内 2013, p. 76）。観念対象と観念との間に媒介としての「類似」ではなく直接的な「因果」を認めることは、それ自体近世的な動向のもとにあるといえよう。

次に、E2p6 においては「おのおのの属性の様態は、それが様態となっている属性のもとで神が考察されるかぎりにおいてのみ神を原因とし、神がある他の属性のもとで考察されるかぎりにおいてはそうでない」と言われる。ここで行われていることは、E2p5で思惟様態とその他の様態の間に言われたことの、思惟属性にかぎらないすべての属性の様態への適用である。つまり、あらゆる属性はいかなる他の属性に対しても因果作用を及ぼすことはできない、ということである。この一般化を経て、E2p6cにおいてはE2p5とは逆方向の因果作用が否定される。

E2p6c　ここから、思惟の様態でない事物の形相的有は、神の本性がそれらの事物を前もって認識したがために神の本性から生じるわけではなく、むしろ事物は、観念が思惟の属性から生ずるのと同一の仕方・同一の必然性をもって、それ自身の属性から起こりまた導出される、ということが帰結する。

ここでは〈思惟様態から思惟以外の様態へ〉の因果作用が否定される。しかし、この系がなぜわざわざ立てられねばならなかったのかは、一見疑問に思われるところである。というのも、直前のE2p6ですでに示された〈あらゆる属性から他の属性へ〉の因果作用の否定の主張には、〈思惟様態から思惟以外の様態へ〉の因果作用の否定も含意されているはずだからである。つまり、〈思惟様態から思惟以外の様態へ〉の因果作用の否定はすでに事柄としては成立しているとしても、改めて個別に取り出して言及すべき論点だとみなされていたということである。それはなぜだろうか。

E2p5とE2p6cは、厳密には対称的な記述になっていないことに注目しよう。E2p6cでは、思惟以外の事物

（1）　また、『エチカ』ののちの箇所において、動物精気による心身の相互作用を批判していることも併せて考えておくとよいだろう。精神の意志と身体の運動の関係という異なる文脈においてではあるが、スピノザの根本的な問題意識は一貫しているように思われる。

は「神の本性がそれらの事物を前もって認識したがために」生じるわけではないと言われているのが特徴的である。ここで想定されている論敵は、今度は近世固有の立場ではなく、中世のキリスト教哲学に広く見られるものである。たとえばアウグスティヌスにおいて神の創造行為とイデア認識は、人間の作品制作とその作品についてのアイデアを持つこととの関係に準えられる（cf. ジルソンとベーナー 1981, pp. 105–107.）。トマスにおいても、神による創造に際しては、神の知性のうちに世界の原型としてのイデアが要請される（cf. ジルソンとベーナー 1981, pp. 237–238.）。こうした関係は、スコトゥスやスアレスにおいても基本的に維持される（村上 2004, pp. 133–151.）。このように、神による世界創造に先立つイデア認識という枠組みは、アウグスティヌスからスアレスに至るまで根強く用いられ続けてきたものである。したがって、スピノザはこの着想をわざわざ否定しておかねばならなかったのだと推測できる。観念対象によって観念が生じるのでもないが、かといってイデアによって世界が生じるわけでもない[2]。E2p5 と E2p6c は、このような両方向からの因果作用をそれぞれ斥けるものとなっている。

以上の諸定理によって、ある属性における諸様態間の因果系列の生成は、その属性の中だけで完結するのであり、他の属性の干渉をいっさい受けない、という諸属性の自律性が成立する。E2p6c ではさらに、諸属性における因果系列はすべて「同一の仕方・同一の必然性をもって」生じるとも言われる。諸属性の自律性、およびその各々の因果系列の「同一の仕方」での生成、というこの二つの要素が E2p5 から E2p6c までの流れにおいて成立し、このことが E2p7 において提示されるいわゆる「平行論」の体系を支える重要な要素となる（E2p7 における平行論の成立については次節で論じる）。こうした中で、「観念の形相的有」は、諸属性の自律性・因果的独立性を導出するプロセスにおいて強調されていたのである[3]。

第一部で明らかにしたように、デカルトにおいては、観念の「形相的」側面は論証において何らかの明示的な役割を果たすものではなかった。それに対し、スピノザにおいては平行論の根幹をなすような要素の導出において観念の形相的有が重要な役割を果たしている。以上の点に、私たちはスピノザの観念説の一つ目の特徴を見てとる。

第二節　「観念ないし対象的有」の導入

このように、スピノザにおいて観念の形相的有は、観念を含むあらゆる属性の様態が、他の属性から干渉されることなく独立に因果系列を形成する、という重要なテーゼの導出における鍵概念として用いられていた。そして、その重要な帰結の一つとして、観念と観念対象との因果関係が完全に断ち切られることが挙げられた。しかし、そうだとすれば、今度は観念の「対象的」側面の必要性に疑問符が付けられることになる。とい

(2)　ジルソンとベーナーによるトマスについての記述は、対照項として有効であるように思われるので、以下に引用しておこう。「この［神における］イデアはわれわれのもとにおけるような認識媒体ではない。われわれは事物の模像としてのイデアを形成するのである。したがって、それはわれわれの知性に付加されてくるものであって、われわれはそれによってはじめて事物を認識する。神においてこの関係は逆である。神においては事物の原像としてのイデアが存在する。したがってそれは、神において神が認識するところのものであり、それによって理性的本質として神がその作品を創るところのものである」。cf. ジルソンとベーナー 1981, p. 238.

(3)　続く E2p7 は平行論テーゼの中心とみなされる定理であり、E2p5, E2p6 から E2p7 までが平行論導出の一連の流れとして説明されることはしばしばある（e.g. Gueroult 1974；平井 2001）。しかし、E2p7 の証明において E2p5, E2p6 が参照されないことから、これらの連続性は必ずしも自明ではない。E2p7 の位置付けの問題については次章で詳しく取り上げることとし、本章次節では E2p7c の分析へ移ろう。

うのも、ふたたびデカルトを想起すれば、『省察』冒頭の独我論から「考える私」の外へと飛び出してゆくことができるジャンプ台の役割を果たしていたのが観念の対象的事象性であったが、観念と観念対象との間の因果関係なしにはこの超出も不可能になってしまうからである。実際、『エチカ』では、神の存在証明はアプリオリには神と同一視される自己原因の定義によって、またアポステリオリには有限な我々ですら現に存在しているという経験的事実によって証明されるものであり、もはや神の観念を起点として行われるものではなくなってしまう。結果としての〈神の観念〉から原因としての〈神そのもの〉へと遡る論証は、『省察』の道行においては非常に重要な契機となっていたが、スピノザはこの議論を完全に捨象してしまうのである。ここに至っては、観念の対象的側面は、もはやいかなる意味でも私と世界との関係を取り結んではくれないのだろうか。

こうした問いを念頭に置きつつ、観念の対象的側面が用いられる論証を実際に見ていこう。「対象的」という語は、E2p7において平行論が提示された直後の系に現れる。

E2p7c　この帰結として、神の思惟する能力は神の活動する現実的能力に等しいことになる。言い換えれば、神の無限な本性から形相的に（formaliter）生じるすべてのことは、神の観念から同一の順序・同一の連結をもって神のうちに対象的に（objective）生じるのである。

ここで言われている「神の無限な本性から形相的に生じる」は、先に「諸属性の自律性」導出のプロセスにおいて見たような、諸属性において実際に因果系列が形成されることだと理解してよいだろう。続いて、そうした因果系列のすべてが「同一の秩序」で「神のうちに対象的に生じる」と言われる。ここに、「形相的に」生じるものと「対象的に」生じるものとの間の平行論が成立する。この平行論は、E2p5からE2p6cまでにおいて成立するものとは別のものだ、ということに注意せねばならない。というのも、E2p7cの平行論は、「諸属性間の平行論」ではなく、「任意の属性とその観念との間の平行論」だからである。(4)

ここで重要なのは、「諸属性間の平行論」の「諸属性」には、思惟属性も含まれるということである。したがって、たとえば思惟属性と延長属性とが互いに独立に、かつ「同じ仕方で」因果系列を形成するということだけなら、E2p5からE2p6cまでの平行論が成立した時点で保証されていることになる。しかし、E2p5からE2p6cまでにおける「延長―思惟」平行論と、E2p7cにおける「延長」と「延長の観念」との平行論は、思惟するものと思惟されるものとの「紐付け」の有無において異なる。(5)次章で詳述するが、「形相的」「対象的」という対概念は、何らかの認識論的な関係を含意するものだからである。「延長」と「思惟」との平行論においては、いわば因果系列同士の「同型性」が言われているだけなので、そこには何の紐付けもなく、したがってここでの思惟様態は「延長の観念」と呼ばれるべきではないだろう。前述のように、ここでは「諸属性間の自律性」に重心があるからだ。これに対し、「延長」と「延長の観念」との平行論においては、明らかに思惟するものと思惟されるものとの間の認識論的な紐付けがある。

E2p8cにおける「個物の対象的有」としての観念のステータスも、E2p7cの平行論の枠組みにおいてのみ理解されうる。

> E2p8c　［……］　個物がただ神の属性の中に包含されているかぎりにおいてのみ存在する間は、個物の対象的有

（4）　E2p7をどちらに属するものとして読むかは解釈が分かれるところである。詳しくは次章で扱う。

（5）　この二種類の平行論については、いくつかの先行研究によってすでに論じられており、本来は十分に紙幅を割いて論じるべきであるが、本章では必要な論点だけに留める。詳しくは本書第五章第一節を参照。

（esse objectivum）すなわち個物の観念は神の無限な観念が存在するかぎりにおいてのみ存在する［……］。（下線は引用者による）

この系は解釈上の難所の一つだが、差し当たり下線部の言い換え表現に着目しよう。ここで「個物の観念」の言い換えとして用いられる「個物の対象的有」は、個物をその観念・表象の対象とするような観念である。観念が何かを対象とするということは自明に思われるが、「形相的有」としての観念にこの機能はない。すべての観念は形相的有・対象的有の両側面を持っており、その後者を持つがゆえに何かを表象することができる。すなわち、観念が「何かを表象するかぎりにおいて」捉えられたものが「対象的有」なのである。

　したがって『エチカ』においても、観念はやはり何らかの仕方で、観念対象と認識論的な関係を取り結び続けることになる。観念と観念対象との関係は決して因果関係ではありえず、もちろん類似による関係でもない。それは確かに因果関係よりは弱い仕方ではあるかもしれないが、それでも私たちの認識の妥当性を保証しうるための枠組みは用意されている。スピノザはE1ax6において「真なる観念はその観念対象（ideatum）に一致しなければならない」と述べているが、この規定も観念の対象的側面に関わるものである。というのも、観念の対象的側面だけが観念対象と認識論的な関係を持つことができ、この関係の上でのみ、対象との一致や不一致による真偽が語られうるからである。このように、『エチカ』においても、観念と観念対象との紐帯を設けることで認識論の成立する地平を確保しようという動機は保持されている。E2p7cにおいてそれまでとタイプの異なる平行関係をわざわざ提示していることは、その一つの証左なのである。

第三節　『エチカ』の認識論的地平

とはいえ、「対象的有」に込められたスピノザの動機が、以上のような仕方で、すなわち「観念と観念対象との紐帯を設けることで認識論の成立する地平を確保」することだと理解されたとしても、それによって具体的にどのような認識論が成立しうるのかは依然として明らかではない。「観念は何らかの仕方で、観念対象と認識論的な関係を取り結ぶ」と言われるとき、この因果関係ではない「何らかの仕方」とはいかなる仕方であるのか。この点をもう少し敷衍しておこう。上に述べた認識論の成立する地平とは、任意の認識が合っていたり間違っていたりしうる場のことである。より『エチカ』の観念説に引きつけて言うなら、任意の観念が真なる観念か偽なる観念か判定されうるということである。確かに『エチカ』においても、真なる観念の規定はきちんとなされている。その規定とは、「観念対象（ideatum）との一致」（E1ax6）である。(6)

しかしこの「真理の対応説」的な、いわば常識的な認識論は、スピノザの体系と一見相容れないもののように思われる。E2p7c で言われていたことを思い起こそう。「神の無限な本性から形相的に生じるすべてのことは、神の観念から［……］神のうちに対象的に生じる」。ここで、「神の無限な本性から形相的に生じるすべてのこと」を観念対象、「神の観念から［……］神のうちに対象的に生じる」ものを観念とすると、観念と観念対象とはつねに一致していることになる。そうすると、あらゆる観念はつねに真、ということになり、真偽の

（6）『エチカ』ではのちに、十全な観念／非十全な観念という基準も提示され、こちらのほうがより内在的・本質的な規定であることが示される（E2def4）が、ここでは議論の煩雑さを避けて言及しない。この点については、のちの章で論じる。

判定可能性そのものが否定されてしまう。実際、E2p32では、「あらゆる観念は神に関係づけられるかぎり真である」と言われる。(7)「神」というそれ以上が存在しない最大のフレームワークから見るならば、観念はすべて真なる観念であり、またありうる真なる観念はもれなくそこに含まれている（上野はこれを「絶対的な真理空間」と呼んでいる。cf. 上野 2005, p. 73）。

カーリーによるスピノザの観念説の説明も、この点において私たちの理解を助けてくれるものであるように思われるので、少し引用しておこう。カーリーは、「モデル形而上学」の構想を用いてスピノザ解釈を行うことを提案する。(8)モデル形而上学とは、「われわれはAという一連の命題を持っていて、Aは延長的対象世界の完全かつ正確な記述を構成している」と仮定するというものである（Curley 1969, p. 50）。Aは世界についての完全な記述であり、また世界とは無限を含むものであるので、法則的命題（nomological proposition：ふつう自然法則として知られる、厳密に普遍的で必然的な命題）を必ず含まなくてはならない。この法則的諸命題のうちに公理や定理が含まれており、それらが互いに論理的に依存しあって演繹的体系をなす（Curley 1969, p. 53）。他方で、法則的諸命題から帰結する命題や、そうして帰結した諸命題からさらに帰結する命題もAには含まれており、これが個々の単称命題である。こうした論理的ネットワークをなす膨大な命題リストがAであり、このAは世界の全てを完璧に記述する。以上がモデル形而上学の構想の概略である。

さて、このモデル形而上学における「世界」をスピノザにおける延長属性に、命題リストである「A」を思惟属性に当てはめるカーリーの説明は、スピノザの特殊な観念説の一面を理解するのに役立つものである。(9)「世界の全てを完璧に記述する命題リスト」に含まれる命題は、当然すべて真であるので、このモデルにおいて命題の真偽を問うことはできない。命題あるいは観念の真偽を問題とするには、別の論理が必要となる。(10)その論理とは、欠如の論理である。『エチカ』において個々の人間精神は神の思惟する力能を部分的に持っているが、部分的でしかない。それゆえ、本来あまねく観念対象と一致しているはずの観念は、人間精神によっては部分的にのみ把握されることになる。こうして、真でない観念の成立する余地が生まれる。

（7）同定理の証明は以下。「なぜなら、神の中にあるすべての観念は、その観念対象とまったく一致する（この部の定理7系より）。したがって（E1ax6より）すべて真である。証明終了」。

（8）カーリー曰く、モデル形而上学は「二〇世紀初頭のイギリス哲学を学んだ者なら誰もが知っているタイプの形而上学」だと言う（Curley 1969, p. 50）。しかし、Stanford Encyclopedia of philosophy に "model metaphysic" の項目はなく、Google scholar 等の検索でも芳しい結果が得られないので、実際にどれだけ人口に膾炙した理論であるかは疑問である。本書の序論で「統一科学」に言及されていることや、ウィトゲンシュタインの提示したモデルとの構造的類似から、論理実証主義の流れを汲む哲学理論であることは少なくとも推測される。

（9）その際に問題となるのが、E2p7 および E2p7s に示される平行論との整合性である。E2p7、E2p7s に従ってモデル形而上学の適用を行うと、「もし私の腕時計あるいは〈腕時計があれこれの性質を持つという事実〉が延長様態であるなら、同一物の違う表現としての思惟様態が存在する」ということになる（Curley 1969, p. 121）。しかし、そういった「事実」に「観念」が逐一対応するという事態は、観念を「像 imago」として捉えるならば「ほとんど意味不明」ではないかとカーリーは自問する。観念を脳裏に描かれる「像」として理解した場合、そのような観念にあらゆる「事実」（法則的命題によって説明されるべき普遍的内容を持つものも含む）の説明能力があるとは考えられないからだ（スピノザにおいて「像」はあくまで身体的に捉えられる）。そこでカーリーは、整合的な理解のため、スピノザは「観念」をデカルトやロックとは違う仕方で理解していること、すなわち観念が「「肯定」の要素を含む」ことに着目する（Curley 1969, pp. 121–122.）。スピノザの言うように観念が「肯定を含む」（言い換えれば「命題構造を内包している」）とすれば、世界の事象についてのあらゆる「事実」に対し、対応する「観念＝命題」があると考えることに無理は生じない。このようにカーリーは、スピノザにおける観念が肯定を含むものであることから、モデル形而上学をスピノザの平行論的体系に適用することを正当化している。

（10）このように、カーリーの説明は、『エチカ』の認識論の土台を理解するのに有用なものではある。しかし、スピノザの観念が「命題」に尽きるものだと考えているとすれば、それは一面的な理解としての批判を免れ得ないだろう。スピノザの観念は「対象的有」であると同時に、「形相的有」としても考えられなければならず、スピノザの強調点はむしろ後者にあるからである。

『エチカ』の体系においては、「任意の観念が真なる観念か偽なる観念か判定されうる」という一般的な意味での認識論が成立するために、観念の対象的側面だけでは十分でなく、上記の迂回路を取らなくてはならない。観念の対象的側面は、それによって初めて思惟するものと思惟されるものとの関係が可能になるという意味で、認識論的な紐付けを担保するものである。しかし、観念の対象的側面はそれ自体で観念の真偽を問うことを可能にするものではなく、あくまでその基盤を設定するだけであるため、一見したところ意義の分かりづらいものとなっている。『エチカ』の観念説の認識論としての側面については、上に「欠如の論理」とのみ記述しておいたが、その具体的内実はのちに改めて論じなければならないだろう（第八章でこれに取り組む）。

小括

以上より、私たちは観念の「形相的／対象的」な二面性について、「諸属性間の自律性」を導出するために強調されるのが観念の「形相的」側面であり、「思惟するものと思惟されるものとの紐付け」が主張されるために導入されるのが「対象的」側面である、と結論づけることができるだろう。このようにスピノザは、デカルトの観念説の二面性を引き継ぎつつも、それを二種類の平行論の成立のための礎として用いたのである。(11) デカルトにおいては、観念の二面性は関係づけられないまま並存していた。これに対し、スピノザにおいては、観念の「形相的」側面と「対象的」側面はともに、『エチカ』の平行論的体系によって関係づけられている。(12) また、デカルトにおいて明示的に活用されていなかった形相的側面は、スピノザにおいて上述のような重要な意義を与えられている一方で、観念の対象的側面については反対に、認識論の基礎づけへの寄与は一見して分かりづらいものとなっている。スピノザにおけるデカルトからの逸脱は、ひとまず以上のように説明されよう(13)。

本章おいて私たちは、スピノザの観念説の二面性がどのように現れるのかを解明してきた。明らかになったことをまとめよう。デカルトにおいては二側面がそれほど具体的に関係づけられないまま並存していたのに対

(11)　誤解してはならないのが、E2p7c の平行論は必ずしも「観念の」二面性の間の平行論とは限らないということである。むしろ大半は「思惟以外の属性とその観念との間の」平行論だと言えよう。ただし、この平行論は思惟属性においても成立するので、「思惟属性と思惟属性の観念」との間の平行論もある。ここにおいて成立するのが「観念の観念」というスピノザに独自の自己意識として知られる概念なのである。「観念の観念」導出の流れは平井 2001, pp. 72-76. に詳しい。

(12)　ここから、観念の二面性の保持はアルノー的な観念の活動性の強調とどう両立するかという問いへの答えも見えてくる。アルノーが強調したのは、観念の「知性の作用」としての側面であり、これはデカルトにおいては「形相的」と呼ばれる側面であった。スピノザもまた、E2def3 では観念＝概念の活動性を強調したのであり、E2p5 においては観念の「形相的有」を強調している。そこでは、「思惟属性の自律性」を導出するために、観念の形相的有が思惟の様態であるということが持ち出されていた。「思惟属性の自律性」とは、「思惟属性はその内部だけで因果系列を形成できる」ことに等しい。そのためには、思惟属性における因果系列の構成要素である個々の観念が、次に生じるべき観念の「原因」となることが可能でなくてはならない。のちに第六章で詳述するように、『エチカ』において観念の活動性は、観念が様態であるという形而上学的な規定と結びついている。というのも、『エチカ』において様態は神の力能をいわば分有するものである、という様態の存在論的身分が、観念の力動性の強調の根拠となっているからである。こうした形而上学的な存在者としての「観念」のあり方は、アルノーの観念説には見られないものである。アルノーにとって観念は、たしかに知性の作用としての活動性を含むものではあるが、それは単に人間精神がものを認識する際に観念とどう関わるのか、という観点からのみ規定されるものであった。アルノーはこの問いに取り組むにあたって、神や実体―様態関係といった形而上学的な要素を必要としなかったのである。一見類似しているように見えるスピノザとアルノーの観念説の間には、このような差分を見ることができる。

(13)　また、デカルトにおいては「形相的」は多義的に用いられていたのを私たちは第一部第二章で確認したが、これに対し本章で見たようなスピノザの用法においては、「形相的」はほぼ一義的に用いられているという変化も見て取れる。

し、スピノザは平行論という独自の体系によって二側面を関係づけたという点に大きな特徴がある。後者については、本章の分析は見通しを示したものにすぎず、さらなる探求によってその具体相を解明していくことが求められるだろう。そこで次章では、平行論とはいかなる体系であり、その中で観念はどのように位置づけられるのか、より詳しく見ていこう。

第五章　平行論と観念説

スピノザの体系を特徴づけるもののうちでも、いわゆる「平行論」と呼ばれるものの重要性はいくら強調してもしすぎることはない。たとえば観念説一つとっても、デカルトのそれと比して大きく変容している点は、平行論的枠組みを前提とした説明方式のうちにこそ見出される。[1] 平行論については、しばしば以下のような仕方で説明されてきた。すなわち、スピノザはデカルト的な心身二元論とその実体的合一の理論が含む矛盾を解決するものとして平行論を案出したのだ、という説明である。実際、『エチカ』第五部序言でスピノザは、「彼［デカルト］は、［……］精神は松果腺によって身体の中に起こるいっさいの運動と外的対象を感覚し、そして意志するだけでこの腺をさまざまに動かすことができると主張している」とまとめた上で、この理説を「いっさいの隠れた性質よりもさらに隠れた仮説」であるとして批判している。ここから、スピノザがデカルトの心身合一説に修正の必要を感じていたことは明らかであって、この要請から平行論が生まれたのだと解釈することはたしかに不自然ではない。たとえば神野は、「デカルトの哲学が生み出した心身関係の問題は、スピノザにもライプニッツにも受け継がれた。しかし［……］回答は三者三様である。［……］心身関係について、デカルトが「相互作用説」を取り、スピノザは並行論を取った［……］」と述べている（神野 2011, pp. 28–29）。[2] こうした理解は、ほとんど自明視されているように思われる。

しかし、スピノザの平行論の動機がデカルト的二元論の克服にあると、テクストに基づいて実証的に示され

（1）また後述するように、平行論の体系は、実在的な「原因 causa」と論理的な「理由 ratio」とが限りなく接近するスピノザ独自の或る公理と、密接な関係をもっている。それゆえスピノザの「合理主義」の内実を理解するためにも、平行論の具体的内実や動機を理解することは重要である。

（2）*Stanford Encyclopedia of Philosophy* でも、「二元論」の項目のサブカテゴリーに「平行論」は位置付けられている。上野による『思想』二〇一九年六月号の「思想の言葉」も参照。

ているわけでは決してない。それを証明することはむしろ困難に思われる。というのも、のちに詳述するように、平行論のテーゼとして知られるE2p7の証明は、「結果の認識は原因の認識に依存しかつこれを含む」という公理によってのみ支えられており、実体一元論の主張がなされる第一部の諸定理群とは何ら関連づけられていないからだ。そこで、本章では、平行論についての上記の理解に疑義を差し挟み、平行論は本来どのような問題系のもとで生成されたのかを改めて考えてみたい。

しかし実際、この問いに関して『エチカ』から得られる情報は意外なほど少ない。それゆえ本章では、『デカルトの哲学原理』『知性改善論』『神・人間および人間の幸福に関する短論文』(以下、『短論文』)といった初期著作に手がかりを求める。これにより、スピノザの平行論的体系の発生源に迫ることができると考える。

スピノザの平行論と一口に言っても、その内実を端的に提示することは容易ではない。そもそも「平行論」という呼び名からして、スピノザ本人が用いたものではなく、ライプニッツが自らの体系を指して用いたのが最も初期の用例である。ライプニッツはそこで、「魂と身体を完全に分離するという説」に対抗し、両者が何らかの対応関係にあるという意味での「魂と身体との間の平行論」を提示しているが、この規定をそのままスピノザの体系に適用せねばならない理由もない。事実、それはスピノザの体系にとっては不十分な規定である[3]。それゆえ平行論の内実を明らかにするには、スピノザ自身が用いたわけではないこの語がスピノザの体系に適用されるとき、それはどのような内容を含むのかを明確にすることから始めなければならない。そこでまず予備的考察として、スピノザのいわゆる平行論の教説を『エチカ』の中から取り出し、それが含むいくつかの特徴——全体性、認識論的対応、因果的独立——へと分節化し、それら諸要素の間の関係を明らかにしよう(第一節)。

上記の予備的考察を踏まえ、いよいよ初期著作の検討へと進むことができる。まずは、『デカルトの哲学原理』における二元論および平行論的要素に関わる記述を確認する。これにより、出発点としてのデカルトの見解を、解釈者としてのスピノザのフィルターを通して確認することができる。これを踏まえた上で、それらのデカルト的見解が『知性改善論』においてどのような改変を被っているかを確認する。ここでは、先行研究でしばしば取り上げられる33〜36節の「形相的本質／対象的本質」の区別を用いた議論を検討しよう。平行論のプロトタイプとして取り上げられる傾向にあるこの箇所を、先行研究を参照しつつ本章なりに再検討する（第二節）。次に、『短論文』は平行論の文脈でほとんど取り上げられることのない著作であるが、実は平行論の萌芽を含んだ主張が散見される著作である。本章では、『短論文』の平行論的要素を抽出して分析するなかで、従来ほとんど顧みられることのなかった神による創造の理論に、スピノザの平行論の重要な要素を見て取る（第三節）。

以上の議論によって、スピノザにおける「平行論」と呼ばれるものの内実を画定し、それがいかなる議論に淵源するものかという問いに対し、一つの仮説を提案することが本章の狙いである。

第一節　平行論の諸相

まずは、『エチカ』におけるいわゆる平行論がいかなる要素を含む理論であるか、テクストを分析しつつ本

（3） cf.「唯一の普遍的精神の説についての考察」『ライプニッツ著作集8』1990, pp. 127–128. なお佐々木能章による訳注にあるように、ここで「平行論（parallelisme）」という語が指示する対象がいわゆる予定調和の教説であることは前後の文脈から明らかである。ちなみにライプニッツは同論考内でスピノザの実体一元論を批判している。

章なりに再構成しよう。

一・一　心身平行論

すでに述べたように、ライプニッツは「魂と身体との間の平行論」を主張しているが、スピノザの体系もまた、一般に心身平行論として理解されてきた。たとえば一九世紀フランスのラランドによる哲学事典における「平行論」の項目を見ると、「あらゆる物質的現象に心理的事実が対応する、あるいは相互に対応する」と主張する論者のうちに、スピノザはライプニッツとともに数え入れられている（Lalande 1997, p. 735）。実際、『エチカ』の平行論の中心的テーゼはE2p7に表れているとみなされるが、[4] マシュレが指摘するように、E2p7（およびE2p7c）から派生するいくつかの定理、すなわち証明においてE2p7を参照するいくつかの定理は、人間身体と人間精神との対応関係に重心を置いているように見える（Macherey 1997, p. 74）。たとえばE2p15では人間精神における複合性が、人間身体における複合性との相関によって示されており、E3p11では、「我々の身体の活動能力の増減の原因となるもの」と「我々の精神の活動能力の増減の原因となるものの観念」との対応関係が述べられている。両者ともその証明においてE2p7が援用される。E2p7の「観念の順序および連結は、事物の順序および連結と同一である」という主張、あるいはまた、E2p7cの「神の無限な本性から形相的に起こるすべてのことは、［……］神のうちに対象的に起こる」という主張が、いわゆる心身平行論を理論的に支えているのである。

一・二　全体性

これに対し、実はE2p7そのものは、必ずしも人間身体と人間精神との対応関係を主眼としたものではないように思われる(5)。そこでは「観念の順序および連結は、事物の順序および連結と同一である」と言われる(6)。注意すべきは、E2p7が観念と事物との同一性ではなく、それらの「順序と連結」の同一性を述べていることである。「順序と連結」と言われた時点で、それは少なくとも二つ以上の項（観念にせよ事物にせよ）を含意する。またスピノザにおいて、その「順序と連結」は言わずもがな、二つや三つの、すなわち有限個の諸項からではなく、無限個の諸項からなる。ここでは明らかに、有限個の諸事物からなる「順序と連結」とその諸観念から

（4）メラメッドによれば、E2p7は平行論の"locus classics"である。cf. Melamed 2013b, p. 639.

（5）マシュレもこの点を指摘して、「それ［定理19や20における身体と精神との相互対応］は、定理7で展開されたテーゼの個別的な帰結であるが、その合理的な内容は、しかし、この個別的な帰結に尽くされるものではない」と言う。cf. Macherey 1997, note1, p. 74.

（6）ここで「同一である idem」と言われているのが数的同一性なのか質的同一性なのか、という問いが生じる。たとえばマシュレによるコメンタリーは、この"idem"は質的同一ではなく数的同一を表すという立場をとっているし（Macherey 1997, p. 71 : p. 74）、ウィンクラーはウィトゲンシュタインによるアヒルウサギの図を引き合いに出しつつ、順序と連結の数的同一を主張している（Winkler 2018, p. 153）。筆者のみるところ、こうした問いは、「順序と連結」から成るもの、まさに系列と呼ぶべきものを、このE2p7の文脈において実体と属性のどちらに帰属させて捉えるかの違いに還元される問いである。もし「順序と連結」すなわち系列を実体に帰属させるなら、それは数的同一であるが、諸属性に帰属させるなら質的同一ということになる。しかし全体としては、どちらの立場を採用しようとも、以下のような理解の範疇を出ることはない。すなわち、属性のレベルで区別される観念と事物との二つの系列は、区別されたままで質的に同一すなわち「同型」であり、そしてその質的同一性を基礎付けるのは、実体のレベルでの唯一の系列の数的同一性なのである（実体のレベルでの「系列」が存在するかという問題について触れておこう。本章は属性の系列の項を構成するものとして「様態 modus」を、実体の系列の項を構成するものとして「様態的変状 modificatio」を考える。様態はあくまで「思惟属性の様態」「延長属性の様態」など、任意の属性のもとでのみ考えられるものだが、様態的変状は特定の属性に規定されない局面での実体の個別化を指す用語であるように思われる）。『エチカ』では、実体が唯一であることと、その属性が無限であることは両立していなければならない。平行論テーゼにおける「同一」の二通りの解釈は、このようなスピノザの実体一元論の体系の基本構造そのものから生じる。この問題にはこれ以上は立ち入らない。

なる「順序と連結」との同一性ではなく、無限個の諸事物からなる「順序と連結」とその諸観念からなる「順序と連結」との同一性が想定されている。局所的な同一性が成立しているだけではなく、無限個の諸項からなる無限の系列全体が同一であると言われているのである。[7] このような、個物レベルではなく属性レベルでの、あるいは系列全体での同一性は、『エチカ』の体系を「平行論」と呼びうるための要件の一つをなす。

こうした一致の全体性を含意するE2p7は、上に見たような心身平行論的な内容を持つE2p15やE3p11の証明において参照されている。E2p7それ自体は、人間知性にとっての一致や対応とは無関係に、思惟属性も延長属性もその他の未知の属性も等しく見渡すような視点から記述されている。そして、その局所的な適用によって、人間精神と人間身体との一致の主張がなされる。つまり、心身平行論、あるいは個別的・局所的な認識論的対応は、全体における同一性によって基礎付けられるという関係にあるのである。

一・三　認識論的対応

上記の内容をもつE2p7から、E2p7cが出てくる。両者の平行論の違いについては、先行研究でもしばしば議論されてきた。

E2p7c　この帰結として、神の思惟する能力は神の活動する現実的能力に等しいことになる。言い換えれば、神の無限な本性から形相的に起こるすべてのことは、神の観念から同一の順序と同一の連結をもって神のうちに対象的に起こるのである。

たとえばドゥルーズは、E2p7およびその証明、E2p7cで示される平行論を認識論的平行論と呼び、E2p7sに示される平行論を存在論的平行論と呼んだ(Deleuze 1968, pp. 99-113)。ゲルーもまた、「思惟内的平行論」「思惟外的平行論」という別の語を用いつつおおむね同様の区別をしている（Gueroult 1974, pp. 65–72）。より近年では、メラメッドがそれらの区別を「諸属性間平行論」と「観念―事物平行論」と呼んだ上で（Melamed 2013b, p. 640）、スピノザの体系は実体の一元論であり、無限の属性間の多元論であり、そして思惟と属性との二元論でもあると述べている。これらを「aspectual」に、つまり側面の違いとして理解する、というのがメラメッドの解釈である（Melamed 2013b, pp. 677–678）。このような側面的な理解は、存在論的平行論と認識論的平行論とは「実在的な区別ではない」とする平井の解釈にも表れている（cf. 平井 2001, p. 79.）。これらの解釈者たちの間には細部の違いはあるが、属性同士の平行論と、思惟と思惟されるものとの平行論という、二種類の平行論を認めている点で共通している。

ここで問題なのは、思惟属性が『エチカ』の体系において、他の属性に比べて特権的な地位に置かれているのではないかということである。E2p7c に現れる、思惟と思惟されるものとの平行論においては、平行関係の一方には思惟属性のみが置かれ、他方にはそれ以外の無限の属性が置かれているように見えるので、一見、思惟属性に特権性が与えられているように見えるのだ。このことは、平行論の体系の厳密性を揺るがしかねない

（7）ちなみに続く E2p7c においては「神の思惟する力能」と「神の活動する力能」との同一性が示されるが、それらは結局「諸観念の順序と連結」と「諸事物の順序と連結」とのそれぞれに、外延としては一致するものと考えてよいだろう。それゆえ E2p7c の内容をここで詳細に論じることは本章の論点にとって重要ではないとみなし、省略する。

ただし、E2p7 の平行論と E2p7c の平行論との性質を違いは、しばしば指摘されるところとなっている。ドゥルーズはこれを「認識論的平行論」と「存在論的平行論」とに区別した。ゲルーはこれに重なりつつも異なる区別をしている。ゲルーは観念以外のもの、つまり思惟属性外のものと観念との間に成立する平行論を「思惟外的平行論」と呼び、観念とその観念を対象とする観念との間に成立する平行論を「思惟内的平行論」と呼んでいる。最後に、邦語文献のうちこの議論がもっとも手際よくまとめられているものとして、平井による論文をあげておく。cf. Deleuze 1968, pp. 99–113；Gueroult 1974, pp. 65–72；平井 2001, pp72–75.

問題だとしばしばみなされてきた（cf. Deleuze 1968, pp. 153–156.）。しかし、前章において観念ないし思惟属性には二つの側面があることを見てきた私たちは、今や、このような特権性はさほど大きな問題にならないことを理解できよう。というのも、思惟属性の形相的側面に着目すれば、各々の属性の形相的有は存在論的に等価だと言えるからである。たしかに、思惟属性の対象的側面に着目するならば、思惟属性の特権性は明らかである。そもそも、「対象的」な、すなわち何かを表象するというあり方は、無限の属性のうちでも思惟属性にのみ属するあり方である。思惟属性は、神の思惟する力能に等しいものであり、それは、思惟属性自身も含む無限の属性のすべてを表象するものである。この意味で、思惟属性には認識論的な特権性がある。しかし思惟属性は、存在論的な特権性はまったく持たない。すべての属性は、形相的側面において、すなわち存在論的には等価である。思惟属性が認識論的な特権性を持つことはいわば当然のことなので、ここに問題はないと私たちは考える。

以上の議論からも明らかなように、また前章で示唆したように、形相的／対象的という対概念が用いられるE2p7cは、特に認識論的な含意の強いものである。E2p7のように「観念」と言うだけでは、それが対象的有を指すのか形相的有を指すのか厳密には定かではない。そこでは観念と事物それぞれの順序と連結が「同一だ」とは言われているが、その間に一方が他方を「表象」するという仕方での認識論的な関係付けが明確になされているわけではなかった。これに対しE2p7cでは、明確に認識論的な対応関係が表れていると言える。

このような「対応」は、観念と観念対象との認識論的な紐付けを担保するものである。この要素は、同時代的・伝統的にも共有されたものである。というのも、観念や概念や思考とそれらの対象との対応関係は、しばしば「形相的／対象的（formalis / objectivus）」の対概念を伴いつつ、多くの先行する著作のうちに見られるからである。私たちはデカルトの有名な「形相的事象性／対象的事象性」（realitas）のみならず、スアレスやゴクレニウスの「形相的概念／対象的概念」（conceptus）にまで少なくとも遡ることができる。[8]それらはいずれも、観念や概念は無根拠なものではなく、それが妥当である場合には何らかの根拠を持つものであることを確証するために導入されたものであり、人間精神による認識の妥当性の根拠づけという認識論的な問題設定のもとにある。[9]『エチカ』の平行論における認識論的対応という要素は、こうした問題意識と地続きのものだと言える。スピノザにせよ、先行者たちにせよ、観念がその対象を離れて自由勝手に「虚構」されたものではなく、観念対象と何らかの仕方で結びついている、ということを保証する必要性を感じていたのである。

一・四　因果的独立

ここまでに私たちは、E2p7における「順序と連結」全体の同一性や、それによって基礎付けられる心身平行論といった要素を析出した。しかし私たちは、むしろE2p7に先行する箇所に現れているが、E2p7とそこから派生する諸定理においては後景に退いてしまうようなある側面に言及しなければならない。それはE2p5およびE2p6に現れる、諸属性間の因果的独立である。E2p5およびE2p6については第四章で詳しく扱ったが、ここでは本章の議論に必要な限りで反復しておこう。まずE2p5で言われるのは、観念は観念対象を作用因とせず、思惟するものとしての神そのもの（すなわち思惟属性）を作用因とするということである。端的に言

（8）　cf. 村上 2004, pp. 103–151；Ariew & Grene 1995. なお、モナコはこの区別の起源をプラトンの『ティマイオス』にまで遡っている。Monaco 2017, pp. 90–92。

（9）　ちなみに同時代において subjectivus/objectivus の組も並行して用いられ続けていたことは考慮に入れておくべきである。スコトゥス主義のいわゆる「存在の一義性」の系譜において重要なのは、むしろ subjectivus との対比であることがマッローネの浩瀚な著作において明らかにされている。

えば、思惟属性以外の属性からの観念への作用の排除が主張されている。次にE2p6では、E2p5の主張が一般化され、思惟属性だけでなくあらゆる属性が他のいかなる属性からも因果的に干渉されないことが主張される。ここから、属性の異なる様態同士の因果的独立が析出されるが、これは『エチカ』における平行論の重要な要素の一つである。E2p5, E2p6はともに、すでにE1p10に示された属性間の区別の原則によって基礎付けられている。すなわち、E2p7は実体に立脚した「同一」の主張であるのに対し、E2p5, E2p6は属性に立脚した上での「区別」の主張なのである(10)。

ここまでの議論をまとめよう。まず、一般に平行論は心身平行論のことだと理解されるが、心身平行論的な定理であるE2p15やE3p11は、E2p7への参照によって導出される定理である。次に、心身平行論を基礎づけるE2p7では、実体の同一性に根ざした観念と事物との同一性が述べられるが、それが単に観念と事物との間にではなく、それらの「順序と連結」の間に成立していることが重要であった。ここから私たちは平行論の第二の要素として、「全体性」を取り出した。最後にこれらとは別に、属性間の区別に根ざした、属性の異なる諸様態間の「因果的独立」もまた重要な要素として取り出された。それらの諸要素のうち、「認識論的対応」は上述のように、同時代の他の思想家たちにおいてもしばしば見られる。これに対し、「心身平行論」「全体性」「因果的独立」はほとんど見られないことに鑑みれば、スピノザの特異性はこれら三つにあると言ってよいだろう(11)。

一・五　平行論の所与性――E2p7とE1ax4

上述のように、E2p7で述べられる全体性（系列の全体的一致）と、そこから派生する心身平行論や認識論的対応は、前者が後者を基礎付けるという基礎づけ関係にあった。では、それらとE2p5, E2p6で述べられる諸属

(10)　ここから、E2p7における「同一」が数的同一か質的同一かという問題へ立ち戻るならば、それは直前のE2p5, 6で確立した諸属性間の区別を踏まえた上で、属性の側から見た質的同一と、実体の側から見た数的同一とが同時に成り立っているような「同一」であると考えられる。ただしE2p7およびE2p7cはその証明においてE2p5, 6を参照していないので、前者の同一性と後者の因果的独立とが互いにどのような関係にあるのかは、少なくとも直接的には読み取れない。

(11)　これら三つの特質はしかし、必ずしもスピノザに固有のものであるとは思われないかもしれない。実際、スピノザの後の哲学者たちによっては、それらの要素を含んだ「平行論」的な理論も展開されていると言える。たとえばラランドによれば、「心身平行論」はライプニッツ、ベルクソンなどの理説を含むことができる。ラランドは、あらゆる心的現象には特定の神経的なプロセス（processus nerveux）が対応するという仕方での心身平行論として、ベルクソンの名を挙げている（Lalande 1997, p. 735）。

　ここで、ライプニッツの平行論について少し詳しく見ておこう。『モナドロジー』7節によれば、モナドには「何も移し入れることはできない」、あるいは比喩的に言えば「窓がない」。これは、モナドが単純であるがゆえに部分を持たないということに依拠して、モナド同士の相互作用が否定される箇所である。ここには、モナド同士の因果的独立が見て取れる。次に、このモナドは第一義的には心的なものである。また、あらゆるモナドは「宇宙を映す永遠の生きた鏡」（56節）である。モナドは宇宙全体を映しているので、ここにはモナドとモナドの表象対象たる宇宙との間に認識論的対応、および一定程度の全体性も認めることができる。さらに、無数のモナドはいずれも独自の仕方で、しかし同じ一つの宇宙を表象している。この意味で、モナド同士の間にも、ある種の平行関係が認められよう。しかし各モナドは、宇宙全体を等しく判明に映すわけではない（60節）。各モナドの表象の対象は同一だが、表象の仕方は同一ではない。なぜなら、モナドは「どれも制限を受けている」からであり、宇宙のあらゆる部分を等しく判明に表現できるのは神だけだからである。つまり、モナドは実体であるが、神ではないので、その各々の表象は表象対象である宇宙全体に完璧に対応しているわけではないと言える。この意味で、各モナドと宇宙全体との平行関係の「全体性」を認めるには、留保が必要であるといえよう。こうしたパースペクティヴィズムは、スピノザの平行論に見られない特徴である。

　最後に、モナドは、「いずれも宇宙全体を表現している」が、そのモナドに「特別にふり当てられて」いる、ある特定の物体を「より判明に表象する」（62節）。この特定の物体が身体である。これがライプニッツにおける心身合一の説になる。とはいえ、魂と身体の間にあるのは表象関係であって、やはり因果的な相互作用ではない。78節では、「魂はみずからの法則にしたがい、身体もまたみずからの法則にしたがう」と言われるように、魂と身体はおのおの自律性を持つ。それにもかかわらず、おのおの固有の法則に従っている魂と身体は、「あらゆる実体の間に存する予定調和のため」に一致

性間の因果的独立との関係はどうなっているだろうか。E2p7で主張される「順序と連結」とE2p5, E2p6で主張される因果的独立は、事柄としては結びつきそうに思える。しかし、少なくとも明らかなのは、それらの関係がテクストから直接読み取れないということだ。というのも、E2p7の証明には、直前のE2p5, E2p6がいっさい参照されていないからである。[12] では、E2p7の証明はどうなっているかというと、「E1ax4から明らか」とのみ書かれており、そのE1ax4は、「結果の認識は原因の認識に依存し、かつこれを含む」というものである。つまり、平行論の根拠は事物の系列と認識の系列との同一性に求められるが、この同一性は、〈原因―結果〉関係と〈原因の認識―結果の認識〉関係の同一性（どちらの場合も後者は前者に依存する）の公理としてはじめから与えられてしまっている。[13]『エチカ』において平行論はすでに出来上がった体系として私たちの前に現れるのであり、したがってその発生・成立の過程を『エチカ』に内在的に読み取ることはできない。

では、スピノザにおいて平行論の発生段階は存在しないかと言うと、そんなことはない。というのも、初期著作に目を転じてみれば、『エチカ』と同程度に体系化された平行論は見出されないものの、少なくともその萌芽を見出すことができるからである。それゆえ、『エチカ』から直接読み取れない平行論の起源や根本動機に接近するためには、初期著作に手がかりを求めるのがよいだろう。そこで以下では初期著作へと遡り、平行論の観点からそれらの読解を試みる。

第二節　『デカルトの哲学原理』から『知性改善論』へ

本節では、まず『デカルトの哲学原理』（以外PPCと略記）によって、スピノザの出発点としてのデカルト哲学における延長と思惟との関係、あるいは身体と精神との関係を、本章の主題に必要な限りで確認する。次に、とりわけ観念の対象的事象性についてのデカルト的見解が、『知性改善論』（以下 TIE と略記）におけるスピノザ自身の認識理論の中でどのような発展をみせているかを、先行研究を参照しつつ見ていこう。

する。すべてのモナドすなわち実体は、「同じ一つの宇宙の表現」なのである。この点は、すべての属性が同じ一つの実体の本質を表現していることを属性間の一致の原理とする、『エチカ』の平行論と近しい構造を持っている。私たちはこの点に、スピノザのものに近い心身平行論を見出すことができるように思われる。ただし、明確に異なる点は、ライプニッツにとってまさに心身の区別の原理となっている、「魂はみずからの法則にしたがい、身体もまた自らの法則にしたがう」ことにある。『モナドロジー』では最終的に、恩寵の世界と自然の世界、また目的因と作用因という、異なる二元を立て、それもやはり神によって予め調和するよう定められていることが示される。この点は、『エチカ』第三部序言で「感情の本性と力、ならびに感情に対する精神の能力を」、「線・面および立体を研究する場合と同様にして考察する」と宣言されていることと対照的である。スピノザの心身平行論は精神と身体とを同じ原理によって捉えることを含意していたのに対し、ライプニッツの場合、身体と精神とは異なる原理によって捉えられつつも、神の卓越した力によって調停されているのである。ライプニッツに見出されるこうした平行論的要素は、より正確に言うならば、「平行」と言うより「調和」と言うべきものであろう。

(12)　明示的な参照関係がなくとも事実上の連続性を見出す読解ももちろんありうる。たとえば平井は、「平行論は『エチカ』第二部定理七およびその系、備考において導出されるものであるが、その基礎となる因果的独立性のテーゼを与えるのは、それに先立つ定理五、定理六、およびその系である」と言う（平井 2001, p. 80）。しかしそうであるとすれば、スピノザはなぜ E2p7 の証明で「前定理より」（あるいは「この部の定理五より」）と言わないのだろうか。もちろん、著者がたまたま参照し忘れているということもあるかもしれないが、本章では E2p7 の証明で E2p5, E2p6 がまったく参照されないという事実を、いったん重く捉えてみたい。

(13)　この公理はスピノザ哲学を合理主義たらしめる根本的動機であるように思われる。そして平行論とは、この公理に即した体系を具現化するための唯一の可能な戦略である。しかし、そもそもなぜ事物と認識の距離がこれほど近づきうるのか、それを「公理」たらしめているのはスピノザのどのような直観なのか問うことは、わたしたちには許されているばかりか、必要な課題でさえあるだろう。しかしここではこれ以上立ち入らない。

二・一　『デカルトの哲学原理』

ここでは、PPCにおける二元論の扱い、あるいは平行論的主張について、延長と思惟という実体についての議論と、対象的事象性・形相的事象性という対概念を用いた議論という二つの観点から確認したい。

まず、思惟実体と延長実体について述べられたいくつかの記述をみていこう。第二部定義二では、「実体とは、その存在のために神の協力だけを必要とするものであると解する」と言われる。これらはデカルトの見解そのものであり、のちに『エチカ』では棄却される。注目すべきは、第一部定理二一で「我々はその「延長的実体の」一部分と結合している」と言われていることである。証明はおもに二つの根拠によってなされる。一つは、「延長する実体が我々のうちに擽ったさ、痛みおよびこれと類似の観念または感覚［……］を生ずるに十分な原因であることを我々は明晰判明に知覚する」からであり、もう一つは私たちが「木を見る」場合と「喉の渇きを感じる」場合との間に明らかに「大きな相違」があるからである。「この相違の原因は、私が物質の一部分と密接に結合し他の諸部分とはそういうふうに結合していないということをあらかじめ理解するのでなくては、知覚し得ない［……］」。[14]

次に、対象的／形相的という対概念を用いた区別もまた、PPCでは行われている。第一部公理四では「実体の観念のうちには、偶有性の観念のうちにあるよりもいっそう多くの対象的事象性があり、また無限な実体の観念のうちには有限な実体の観念のうちにあるよりもいっそう多くの対象的事象性がある」と言われる。また、第一部公理九では、「われわれの諸観念の対象的事象性は、まさしくその同じ事象性が、単に対象的にのみならず、さらにまた形相的あるいは優勝的にそのうちに含まれているような原因を要求する」と言われる。そして、これらのいずれについても、『省察』のうちに類似の主張を見てとることができる。[15]

このように、PPCでは思惟実体と延長実体とが区別された上での心身合一の理説が提示され、また、「対象的／形相的」という対概念は観念の「事象性」について言われていた。こうした見解は、ほぼデカルトのものが踏襲されている。PPCはデカルトの哲学のなるべく忠実な解説が意図されている著作だとはいえ、ゲルーが詳細に論じているようにスピノザが独自の改変を行っている箇所もある。[16] しかし平行論に関わるような諸々の論点に関しては、そのような改変は見られないのである。それでは、PPCに見られる上述のようなデカルト的諸原理は、TIEでどのような改変を被るのだろうか。

（14）デカルトは『哲学原理』第一部五一節において以下のように言う。「実体とは他でもない、存在するために他の何ものをも要しないように、存在するものを意味する。そしてまったく何ものをも要しない実体とは、たしかにただ一つ、すなわち神しか理解されえない。他のすべての実体は、ただ神の協力によってのみ、存在しうることを我々は知っている」（AT. VIII, 24）。

（15）『省察』には以下のような記述がある。「実体を私に示す観念は、単に様態あるいは偶有性のみを表現する観念よりも、いっそう大きな何かであり、いわばより多くの対象的事象性をそのうちに含んでいる」（AT. VII, 40）。また、「ここからして、無からは何も生じ得ないことだけでなく、より完全なものは、すなわち、そのうちにより多くの事象性を含むものは、完全性がより少ないものからは生じ得ないこともまた帰結する。このことは、現実的すなわち形相的事象性をもつ結果についてのみならず、そこにおいてはただ対象的事象性のみが考慮される観念についても、明らかに真である。つまり、たとえば以前にはなかったある石が今存在しはじめるためには、その石の中に置かれるすべてを、形相的あるいは優越的に自分のうちに持つ、あるものによって生み出されるのである」（AT. VII, 40–41）。

（16）PPCは『省察』第二答弁付録の「諸根拠」を下敷きにしており、はじめの八つの定義の内容をほとんどそのままの形で踏襲している。しかし、公理に関しては、デカルトが十挙げていた公理のうち、スピノザは公理八と公理九を省き、また残りの八つについても、順序を大胆に入れ替えて提示している（cf. Gueroult 1970, pp. 71–72）。また、PPCにおいてスピノザはコギト命題を「コギト・エルゴ・スム」という形ではなく、「エゴ・スム・コギタンス」という形で扱い、一つの定理として証明している。ゲルーによれば、この変更は両者の哲学の根幹にかかわる違いである。詳しくは、Gueroult 1970, pp. 74–78を参照。

二・二『知性改善論』における形相的本質と対象的本質

第一節で見たように、『エチカ』で平行論の因果的独立の要素が主張されるE2p5, E2p6では「形相的有」という語が用いられ、また平行論そのものも、「形相的に」あることと「対象的に」あることとの間の平行関係として表現されていた（E2p7c）。TIEにも、これらの対概念が用いられた以下のような記述がある。

> 観念はその形相的本質（essentia formalis）という方面から見れば、他の対象的本質（essentia objectiva）の対象たり得る。［……］これからして確実性とは対象的本質そのもの以外の何ものでもないこと、言い換えれば形相的本質を感受する様式の中にこそ確実性そのものが存するということが明らかである。［……］事物の十全な観念あるいは対象的本質を持つ人のみが最高の確実性の何たるかを知り得る［……］。（TIE33–35）

> その上また或る観念が他の諸観念に対する関係は、ちょうどその対象が他の諸事物に対する関係と同一である。［……］観念は形相的本質とまったく一致すべきものであるということから、さらに、我々の精神が自然のすがたの忠実な再現であるためには、すべてのその観念を、全自然の根源と源泉とを再現する観念から導き出して、この観念がまた他の諸観念の源泉となるようにしなければならないことが明らかである。（TIE41–42）

佐藤はこうした記述にTIEの「平行論」を見出し、そこから『エチカ』の平行論への発展を見ている。佐藤はまず、TIEと『エチカ』における「観念の観念」の規定における違い、すなわち前者では「対象的本質」として規定されるのに対し後者では観念の「形式（forma）」として規定されるという違いに着目する。このことと、TIE38で「方法とは［……］観念の観念にほかならない」と言われていることから、佐藤はTIEの方法に問題があったため『エチカ』では修正されたのではないかと主張する（佐藤 2004, pp. 90–91）。すなわち、TIEの平行論は「観念対象である物が先に与えられていて、それから［……］導かれる」（佐藤 2004, p. 93）平行論であるのに対し、『エチカ』では、「観念対象と観念」とは「「ひとつの同じ物」と言われる物（res）である」という平行論が、「思惟様態と延長様態の並行と同一とを契機とする」（佐藤 2004, p. 97）平行論を根拠づけている、と佐藤は論じている。要するに、『エチカ』では自然の系列とその観念の系列とは相互に独立した事象とみなされ、観念対象の観念への先行という TIE での発想は放棄されている。

上記の二つの引用を含む箇所は、平行論の提示を主眼としたものではなく、確実性とは何かを述べているものではあるものの、佐藤をはじめとするいくつかの先行研究において、平行論の原型が示されている箇所としてしばしば取り上げられてきた(17)。また、本書の第三章で示したように、デカルトの観念にもともと含まれていた二面性をスピノザなりに展開したものとして『エチカ』の平行論を捉えることもできる。しかし、デカルトの観念説にせよ、TIE の観念説にせよ、そこに含まれる観念の二面性と『エチカ』の平行論の体系そのものとの間には依然として飛躍がある。というのも、『省察』や PPC において対象的事象性は「われわれの諸観念」のあり方であったように、TIE における対象的本質も私たち人間精神の主観性に紐づけられたものだからである。TIE の上記引用では、「対象的本質」が「形相的本質を感受する様式」と言い換えられている。ここで「感受する」主体は、明示されてはいないが、人間精神と解するのが妥当であろう。それらの当該箇所で問題とされているのは、あくまで、人間精神が何か外的な事物を認識しようとするその度ごとに要請される確

(17) 佐藤は TIE とエチカの平行論の間には違いがあると考えているが、ただしその違いは方法の不徹底から徹底へ、という発展として捉えられている。たしかに TIE と『エチカ』の間には、平行論の発展を見ることができるかもしれない。しかし、佐藤の探求を通して浮かび上がってくるのは、TIE とエチカ両著作における単なる連続性というよりもむしろ大きな飛躍である。この飛躍の内実を詳らかにすることは容易ではないが、本章ではその一端を明らかにすることを試みよう。しかしながら、TIE にはこれ以上手がかりを求めることはできない。筆者のみるところ、この難問の解決により一歩近づくための鍵は、スピノザのもう一つの主要な初期著作である KV にあるように思われる。

実性や正当性である。つねにすでに成立しているような全体的な一致という発想は、そこにはない。

　正しい認識方法の提示を主眼とするTIEにおいては、こうした形而上学的な体系の提示が行われないのも不思議なことではない。ただし、著作の終盤に登場する「系列」にかんする議論は、本章の主題に少なからず関係するように思われる。本節では最後にこのことを確認しておこう。

二・三　原因の系列

TIE99-100に現れる「系列」という概念は、のちの平行論的体系における全体性と因果的独立の両方に関係する概念であるように思われる。そこではまず、我々のすべての知覚の秩序づけ・合一という目的のもと、「万物の原因であるような或るもの」の探求の必要性が述べられる。ちなみにこの万物の原因の観念すなわち対象的本質は、「我々のあらゆる観念の原因」でもあると言われており、観念と観念対象との認識論的な対応がここにも見られるのである。さて、「万物の原因であるような或るもの」は、どのような方法で探求されうるのか。これが示されるのが以下の箇所である。

> [……] すなわち、できるかぎり原因の系列にしたがって（per seriem causarum）ある事象的有（esse reale）から他の事象的有へと歩みを進めなければならない [……]。しかし注意しなければならないのは、私がここで原因の系列とか事象的有の系列とか言うのは変化する個物の系列のことではなくて、ただ確固たる永遠の系列のことなのである。というのは、変化する個物の系列を把握することは人間の無力にとって不可能な仕事であろう。（TIE99-100, 下線引用者）

第一節で私たちは、『エチカ』の体系では各属性のうちで諸様態が原因と結果の連鎖を成しており、それは属性ごとに因果的に独立しており、無限の「系列」とも呼ぶべきものである、と述べた。これに対し、上記引用では「原因の系列」にしたがって、ある事物から他の事物へと認識の歩みを進めるべきだと言われている(18)。したがってここには、「順序と連結」を含む因果連鎖という、『エチカ』の平行論の重要な要素と共有された発想を見てとることができる。ただし、この系列はあくまで自然の側に成り立っているものであり、人間精神はできるかぎりでそれを「再現する」(TIE42)ように努めることしかできない。したがって、それはまだ平行論と呼ばれうるものではない。TIEでは属性ごとに一つの系列を成し、それらがあらかじめ一致・対応しているとは考えられていないからである。たしかに、自然の系列を「把握する」ことを達成した人間精神のうちには、自然の系列を完璧に反映した観念の系列が成立しているかもしれない。しかしそれは、佐藤の言を借りるならば「自然物のあり方に準拠して」あとから作り上げられた系列にすぎない(佐藤 2004, p. 92)。

本節で明らかになったことをまとめよう。PPCからTIEにかけては、デカルトの哲学の受容の段階からスピノザ独自の認識理論への発展も見られる一方で、〈外的事物の形相的本質を感受する様式としての対象的本質〉というあくまで人間精神に立脚する図式は、依然として保持されていた。

したがって、TIEの議論からの単線的な発展の結果として『エチカ』の平行論的体系を位置付けることはできない。この間隙について考えるためには、私たちは他の要素に目を向ける必要がある。次節において詳述するが、第一節で確認された諸要素のうち全体性の起源が、『短論文』の特定の文脈において見出されるのである。

(18)　この「歩み」は「原因から結果へ」という一方向の順序で遂行されるべきものである。というのも、TIE19に提示される四つの知覚様式のうち、三つめの「事物の本質が他の本質から結論される」場合、すなわち「結果から原因を帰結する」場合は、その推論は妥当ではないと言われるからである。反対に、続く四つめの「事物がその本質のみによって」、あるいは「その最近原因によって」知覚される場合には、その認識は妥当であり、「誤謬の危険がない」(TIE29)。

第三節　『短論文』の創造論における神の知性の役割

すでに述べたように、『エチカ』の平行論の萌芽は従来 TIE に求められてきたが、前節に見たように、両著作の見解の間には単線的な発展を見出すことはできない。本節では、平行論を主題とする従来の研究においてほとんど重視されてこなかった『短論文』（以下 KV と略記）に着目する[19]。結論を先取りすれば、私たちは KV のうちに、『エチカ』の平行論の諸要素のうち「全体性」の着想を見出すことができる。

三・一　『短論文』の体系のデカルト的要素

まず、KV の形而上学的体系の全体像を、おもに第一部第二章「神とは何か」に基づいて把握しておこう。そこではまず、神とは「一切が帰せられる実有」、あるいは「各々が自己の類において無限に完全であるところの無限の属性が帰せられる実有」であると言われる（KV. I. ii. §1）。のちの箇所で「神は一切を自己自身のうちに生じ、自己の外に生じない」また「神の外には何ものも存在しない」（KV. I. iii. §2）と言われることと併せ考えると、神は世界に内在しており、神の外には何もないという考えが KV においてすでに確立していることが見て取れる。次に、少し後の箇所では「自然についてはありとあらゆることが帰せられる、したがって自然は各々が自己の類において無限に完全であるところの無限の属性から成る」と言われ、「これは神について与えられている定義とまったく一致する」とある（KV. I. ii. §12）。ここにおいて〈神〉と〈無限の属性が帰せられる実有〉と〈自然〉との同一性が成り立つ。

さて、ここまでは『エチカ』の体系とほとんど異なるところはない。ただし、「実体 substantia / zelf-standigheid」の扱いは大きく異なる。というのも、『エチカ』においては神・自然・実体は同じものだとされるが、KV において実体は「自己の類において無限なもの」と繰り返し規定されているからだ。この規定は『エチカ』ではむしろ属性に与えられる規定である。『エチカ』では神（のちに実体と同一視される）の定義において、「自己の類において無限」ではなく「絶対的に無限」であるという対比がなされていた。[20] それに対し、KV においては実体と属性とはそれほど区別されず、単に「それ自身において存在する」ことに強調点がある場合に「実体」という語が選ばれるという仕方で、使い分けられているだけである。こうした実体と属性との区別の曖昧さは、スピノザの初期著作におけるデカルト的要素であると言えよう。[21]

（19）『短論文』のテクスト読解は、主著『エチカ』や初期著作の『知性改善論』と比べても大きく立ち遅れている。『短論文』に注目した解釈者たちの研究は、一九八〇年代後半になってようやく、初めて一定の成果に達した（e.g. Mignini & alt.（ed.）1988 ; Mignini 1990）。さらに、メラメッドらによる初期著作に焦点を当てた論集 *The Young Spinoza*, 2015 も刊行され、『短論文』研究への関心は高まり続けているが、本格的なテクスト解釈としてはいまだ端緒についたばかりと言えよう。邦語文献に目を向けてみると、佐藤や秋保に顕著なように、『エチカ』と初期著作との関連が語られる際には『知性改善論』が選び取られるのが常で、『短論文』はほとんど扱われてこなかった。『エチカ』における平行論の成立を『知性改善論』からの発展という仕方で論じた佐藤の議論も、『短論文』には言及しない。しかし、平行論を単に心身問題の枠内で捉えるだけでなく、形而上学的に意義のあるものとみなすのであれば、その発展史を見る際に『短論文』を考慮に入れることは不可欠であるように思われる。

（20）ちなみにこの対比もブルヘルスデイクやヘーレボールト由来だということが指摘されている。cf. van Bunge & alt.（ed.）2011, p. 73.

（21）たとえば、メラメッドは、スピノザの初期著作の分析を通じて、スピノザは一つの実体には一つの主要な属性が帰属するというデカルト的な発想と、唯一の神に無限の属性が帰属するというスコラ哲学的な発想との両方を受容しており、それらを調停する必要があったと論じている。Cf. Melamed 2015, pp. 285-286. じっさい『哲学原理』第一部五一―五三節を見るとわかるように、デカルトは実体と属性を一対一で対応させており、また実体と属性との間の区別は曖昧である。

三・二　平行論的要素

次に、上に見てきたKVの形而上学的体系の全体像を踏まえつつ、その中で平行論的諸要素がどのように展開されているか（あるいはされていないのか）、第一節で析出した四つの要素を一つ一つ検討することで見ていこう。(22)

四つの要素のうち、KVにおける立場が最も明白なのは諸属性間の因果的独立である。KV, II, xxii, §5では、「身体は我々の精神が知覚する最初のものであるから〔……〕、そのものは必然的に観念の第一原因でなくてはならない」と言われる。ここで主張されていることは、『エチカ』で主張される因果的独立の原則に明らかに抵触している。(23)さらに、この引用箇所は同時に、心身平行論にも真っ向から対立するものである。身体が精神の原因となることも、反対に精神が身体の原因となることもありえないことが、心身平行論のもっとも基礎的な意味だと言えるからである。

次に認識論的対応を見てみよう。たとえばKV, II, xxii, §4では、「自然のうちに存するすべてのものについては自然の精神のうちに必ず或る観念が存する」と言われる。これは「すべてのもの」に言及している点で、一見〈全体性〉に通じるところのある主張に思われる。ただし後続する箇所では、「そのもの〔自然のうちに存する各々のもの〕がより多く完全であるかより少なく完全であるかにしたがって〔比例して〕、その観念が思惟するものすなわち神自身との間に有する合一ならびにその結果も、より多く完全であるかより少なく完全であるかである」と言われる。つまり、ここでの主眼は神ないし自然全体とそれを対象とする観念との対応関係ではなく、神ないし自然と一定の度合いで「合一」する個物とそれを対象とする観念との対応関係にある。(24)

このようにKVにおいては、事物と観念の個別的な認識論的対応が取り出せる。これはたしかに『エチカ』の平行論の特質の一つではあるが、前述のように独創性のあるものではない。因果的独立については反対に、

『エチカ』における諸属性間の因果的独立の原則に反する主張がKVに見られる。同じ根拠によって、心身の相互作用の否定を眼目とする心身平行論に関しても、『エチカ』とKVとの間には断絶を見てとることができる。KVにおける事物と観念との認識論的対応を認めつつ、それらの間の何らかの因果作用を認める立場は、ほとんどデカルトの見解そのものであると捉えてよいだろう。(25) それゆえこれらの記述は、たしかにのちの平行論と共通する「認識論的対応」という特徴を示してはいるものの、それはスピノザ哲学に固有のものとはまだ

(22)　ここであくまで「要素」が展開されているのであって、「平行論」そのものが展開されていると言わないのは、KVに『エチカ』と同程度に発達した平行論が見出されないからである。ただし、平行論のいくつかの要素は含まれているので、本節では、それらをできるかぎり具体的に取り出すことにする。

(23)　第二付録の一連の議論も典拠として挙げられる。「したがって、精神の本質は、ただ以下のものにのみ存する。つまり、自然において現に［in der daad］存在する或る対象の存在から、思惟属性のうちに生じた［ontstaande］観念すなわち対象的本質［voorwerpelyk wezen］の存在［zyn］に［存するの］である」(KV App II. §9)。「想念的本質」という『エチカ』・『知性改善論』と共有された語が用いられてはいるが、「現実に存在する或る対象の本質」と観念との間に発生関係が認められている点が『エチカ』と異なる。同じ付録では精神が「自然のうちに実在している或る対象から生じる観念」(KV App II. §12) とも定義されているが、これと『エチカ』における精神の規定、すなわち「人間精神を構成する観念の対象は身体である」あるいは「人間精神の現実的有を構成する第一のものは、現実に存在するある個物の観念にほかならない」との相違は重要であろう。『エチカ』においては精神が身体ないし現実に存在する個物「から生じる」という表現は徹底的に排除されているのである。

(24)　ただしKV. II. xx. §4には、「そのときわれわれが言ったのは、自然はさまざまな属性をもつにもかかわらず、それでもただ一つの存在であって、それに関してそのすべての属性が述語づけられる、ということである。それに加えてわれわれは、思惟するものもまた自然のうちでただ一つだけであるが、それは自然のうちに存在する無数の事物に応じて、無限に多くの観念において表現される、と言った」とある。ここには、一つの属性が無限に多くの事物ないし観念に変状し、それらが全体として何らかの対応をもつ、という発想の萌芽が見られる。

(25)　『短論文』ではさらに、動物精気も認められている。cf. KV. II. xx.

十分になりえていない。反対に、「因果的独立」および「心身平行論」に関してはKVと『エチカ』との間に明らかに断絶が見られる。

では、第一節で析出した平行論の諸要素のうち「全体性」についてはどのように考えればよいのだろうか。上記の箇所のうちにほとんど手がかりのないこの問いへの鍵は、平行論を主題とする先行研究において等閑視されてきた議論のうちにあるように思われる。[26] それは次に見る、KVにおける神の創造論である。

三・三　『短論文』における神の創造論

KV, I, ii の冒頭では、繰り返しになるが、神とは「無限の属性が帰せられる一つの実有」であり、「その属性は一つ一つがその類の中で無限に完全である」ことが宣言される。その後、そのことをサポートするために以下の四つのことが言われる。

(1) 制限された実体はなく、実体はみなその類のうちで無限に完全でなければならない。すなわち、神の無限な知性のうちで実体は、すでに自然のうちに存在するそれよりも完全ではありえないこと。[27]
(2) 二つの等しい実体もないこと。
(3) ある実体は他の実体を産出しえないこと。
(4) 神の無限な知性のうちには、形相的に自然のうちに存在する以外の実体はないこと。[28]

これらのうち、(4)を証明するために持ち出されるのが、私たちがまさに着目する神の世界創造に関する議論である。ここで(4)を少し敷衍しておくと、神の無限な知性のうちにある実体と、形相的に（知性の外に）存在す

（26）たとえばメラメッドが扱うのは、以下の四箇所である。

①　KV, II, xx「そのときわれわれが言ったのは、自然はさまざまな属性をもつにもかかわらず、それでもただ一つの存在であって、それに関してそのすべての属性が述語づけられる、ということである。それに加えてわれわれは、思惟するものもまた自然のうちでただ一つだけであるが、それは自然のうちに存在する無数の事物に応じて、無限に多くの観念において表現される、と言った」。

②　KV, II, xxii「われわれが先に述べたところによれば、自然のうちに存するすべてのものについては自然の精神のうちに必ず或る観念が存する。そして、そのものがより多く完全であるかより少なく完全であるかにつれてその観念が思惟するものすなわち神自身との間に有する合一ならびにその結果もより多く完全であるかより少なく完全であるかである」。

③　KV Appendix II, §9「それゆえそうすると、精神の本質はただこのこと、すなわち、自然のうちに現実に存在する或る対象の本質から思惟属性のうちに生じる観念、すなわち想念的本質の有に存する。現実に存在する云々の或る対象からと私が言い、それ以上の特定をしないのは、この中に、延長様態のみならず、延長の場合と同様に精神を一緒にもつ、無限に多くの属性すべての様態をも包括するためである」。

④　KV Appendix II, §12「そしてこのことが、定義においてわれわれが、自然のうちに実在している或る対象から生じる観念である、という言葉を用いたゆえんである。またこれでもって、今言ったことを、物体の性質を帯びた様態から生じる観念とだけではなく、その他もろもろの属性のそれぞれの様態の実在することから生じた観念とも解することで、われわれは精神一般がどんなものであるかを十分に説明したと考える」。

（27）これも平行論を連想させる命題ではある。三・一で確認したように、「その類のうちで無限」であるという現実は『エチカ』では属性に与えられたものである。このように規定される限りでの実体は、思惟実体や延長実体を具体的には指し示す。ここで命題（1）はふた通りの読み方を許すように思われる。一つは、神の無限な知性のうちにある実体を思惟実体、自然のうちに存在する実体を延長実体ととる読み方である。この場合、（1）の主張することは第四章で見た「諸属性間の平行論」に近い。もう一つは、自然のうちに延長実体も思惟実体も含まれており、それらすべての実体が神の知性によって把握されてもいるという読み方である。この場合、（1）の主張するところは「任意の属性とその観念との間の平行論」に近いものとなる。いずれの読みを採用するにせよ、命題（1）が平行論的な内容を含んでいることに異論はないだろう。

（28）ここでの「実体 selfstandigheid」は単数形だが、「〜以外にない」というフレーズに要請されたものであり、意味上は

る実体との同一性がここで主張されている。[29]さて、この(4)の証明を実際に見ていこう。

第四の命題すなわち、神の無限な知性の中には自然の中に形相的に存在するよりほかのいかなる実体ないし属性も存在しないということは、我々によって次のように証明される。1．神は無限の力をもつということから［……］。2．神の意志は単純であるということから。3．このあと証明するように、神は善であるところのことをなさずにはいられないから。4．実体は他の実体を産出しえず、今存在しない実体がこれから存在し始めることは不可能であるから。（KV, I, ii, §11）

ここで四つの根拠が列挙される。一つ目は神の力能の無限性に、二つ目は神の意志の単純性[30]に、三つ目は神の善性に、四つ目は実体の産出不可能性に依拠するものである。これら四つはすべてすでに述べられた内容なので、ここで詳細に証明されることはない。そうではなくスピノザは次に、想定反論を立ててそれに応答することを試みている。以下、一つ目の引用が想定反論であり、二つ目の引用がそれに対する応答である。

［……］若干の人々は次のように論証しようとする。もし神が一切を創造したとするなら神はそれ以上を創造することができない。しかし神がそれ以上を創造することができないというのは神の全能に矛盾する。ゆえに［神は一切を創造したわけではない］、と。（KV, I, ii, §13）

もし神が一切の創造可能なものを創造することができないとすれば、それは神の全能に反するだろう。しかし、それ自身において矛盾するようなことがらを神が創造しえないとしてもそれは決して神の全能に矛盾しない。実際神が自らの無限な知性の中にあったすべてを創造したと言うことの方が、神がそれを創造しなかったあるいは決して創造しえなかった［……］と言うよりも、神における遥かに大きな完全性を示すものであることは疑いない。（KV, I, ii, §14）

「神は知解しうる一切を創造してしまった」ということは「それ以上創造することはできない」ことを含むので、たしかに当時の常識からは外れた主張であろう。ここでは、当然予想されうる反論に応答しておくことを通じて、自らの主張を今度は神の全能性の観点から補強することが試みられている。具体的には、神が全能であると捉える点において批判者とスピノザとの間に相違はないが、「全能」ということの解釈において相違点が生じる。架空の批判者たちの立場では、いわば「いつでもそれ以上のものを創造できる」ことが「全能」であると捉えられ、スピノザの立場ではむしろ「無限な知性のうちにあるすべてをすでに創造している」ほうが「いまだ創造しきっていない」よりも「より全能」であると捉えられる。

このような「全能」解釈はさらに、神の善性の観点からも補強される。

だが神がより多く与えることができなかったと言うことは神の全能に矛盾するであろう。神がより多く与えることができたのにそれを欲しなかったということは悪意の匂いがするが、それはあらゆる善意に満ちた神においてはありえないことである。（KV, I, ii, §5）

能力的には「できた」はずなのに「しなかった」ということは、「悪意の匂いがする」ことであり、神の善性

無限の実体を表している可能性が考えられる。そうだとすれば、ここでの四つの命題は単独の実体と神の知性との関係についての命題⑴から二つ以上の実体の関係についての命題⑵⑶、そして最後には無限の実体と神の知性の関係についての命題⑷へ、という主題の自然な広がりを描くことになる。しかしこのような読解が文法上・内容上許されるのかは、検証を待たねばならない。

（29）　ここでの同一性はおそらく数的でなく質的同一性であろう。

（30）　原語が eenvoudigheid なので「単純性」と訳出したが、その内実は文脈から言って、「一回性」とでも言うべきものである。

に矛盾する。神は知解されうるすべてを創造「できなかった」としても、「能力的にはできたが、しなかった」としても、全能性あるいは善性に抵触することになり、したがって知解されうるすべてを創造したと考えるしかなくなる。こうして創造された世界は、神の無限な知性が知解しうるものと完全に一致する。

こうして(4)で言われるような、神の無限な知性のうちにあるものと、形相的に自然のうちにあるものとの「同一性」が成り立つ。そして明らかにこれは、神の無限な知性のうちにある個別的なもの（「対象的に」ある観念や概念）と「形相的に」、すなわち知性の外に存在する個別的なものとの、その都度の対応関係の主張よりも強い主張を含んでいる。というのも上の引用は、神の無限な知性のうちにあるものすべてと、実際に創造されたものすべてが同等でなければならない、という主張を含むからである。神の無限な知性のうちにあるものと実際に創造されたものとは、一方が他方より多くても少なくても背理に導かれてしまうのであり、いわば量的に等しくなければならない。無限の量と無限の量とは釣り合い、知性的なものの全体と自然のうちにあるものの全体とは同一なのである。このような発想は、『エチカ』における〈無限の系列同士の同一性〉に通じているのではないだろうか。

このように、KV 第一部第二章でスピノザは、神学的な問題設定に真正面から向き合い、そこから平行論的な「無限な量と無限な量との全体的な同一性」という主張の根拠を引き出している。ただし、E2p7 とは異なり、「順序と連結」なしの全体性であることに注意せねばならない。諸属性間の因果的独立の厳密な確立が、「順序と連結」の全体的一致を含む平行論の完成の契機となっていることは認めねばならないだろう。神の無限な知性のうちにあるものはすべて実際に創造されねばならないが、そこではもの同士の関係、すなわち「順序と連結」は問題とされていないのである。先に「いわば量的に等しくなければならない」と述べたのは、この意味である。

小括

本章では、まず、『エチカ』の平行論から心身平行論、全体性、認識論的対応、因果的独立の四つの要素を抽出した。次に、初めには部分的にデカルトから採られたものであったこれらの要素が、スピノザ自身の思想が形成される中で独自の発展を遂げていくことを、先行研究を参照しつつPPCとTIEを比較することで確認した。しかし、TIEに見られる平行論の萌芽においては全体性と因果的独立とは見出されないため、TIEから『エチカ』の平行論に至るにはいまだ大きな間隙がある。そこで私たちは次に、KVにおける神学的議論という別の観点から、平行論へと結実するもう一つの源泉を見出すことを試みた。私たちの分析の結果は以下である。『エチカ』に結実する平行論の骨組みのうち、「全体性」の起源はKV第一部第二章の神学的議論のうちに見出される。[31] 神の知性のいわば内容量と、神によって創造された世界の内容量とは全体として釣り合って

(31) しかし、こうしたきわめてスピノザ的な問題に繋がっていくKVの創造論は、どれほどスピノザに固有の議論かは疑問である。というのも、KVには、デカルトおよび当時の神学的議論から受けた強い影響が読み取れるからである。したがってKVの議論を当時の思想史的文脈の中に置き直してみなければ、スピノザの初期思想における独創性を正しく見積もることはできないだろう。

また、本書は『エチカ』へ至る理論的発展の過程を跡づけようとするものであるが、とはいえKV研究はそれ自体で、オランダ・デカルト主義研究としての意義をもっていることを指摘しておきたい。というのも、KVは当時の神学的議論とデカルト哲学とが独自の仕方で衝突し混ざり合う一例を提供しているが、こうした特徴はオランダ・デカルト主義あるいはヘーレボールトらの新スコラ学と共有されたものだからである。KVはたとえその独創性が疑わしいものだとしても、それ自体で近世の思想史を研究する者にとって興味深い内容を含んでいるように思われる。

いなければならない。そのような着想が、のちに、神の思惟属性とその他の属性とがあらかじめ同一・対応関係にあるという『エチカ』の平行論へと発展していった、と考えられる。スピノザにおける平行論の展開史には、TIE からの認識論的な発生系統とは別に、こうした KV の神学的議論からの発生系統も認められるのではないだろうか。この仮説の提示が本章の成果である(32)。

ここで、本章の成果を本書全体の文脈のうちに位置付け直しておこう。私たちは前章までに、スピノザの観念説は、デカルトの観念説の二面性をある意味忠実に受け継ぎつつも、それらを平行論という独自の体系へと展開している点に独自性があることを確認した。本章で私たちは、その平行論と呼ばれる体系が具体的にどのような要件から成り立っているかをテクストにもとづいて再構成したわけだが、そこでは〈系列全体における一致〉が一つの重要な要件として取り出された。これが意味するのは、『エチカ』における平行論とは、私たち人間身体および人間精神における心身の平行といった局所的で経験的な水準においてだけでなく、高度に思弁的な水準においても成立するものである、ということだ。そして導出の順序で言えば、後者の水準における平行関係のほうがむしろ、前者の水準における平行関係に先立って導出されるのである。この高度に思弁的な存在論的体系としての平行論との切り離せない関係のゆえに、スピノザの観念説は哲学史家たちの目に、その実質だけでなく見かけ上もきわめて特異なものに映っただろう。このことは、「観念」の概念史に取り組んできた多くの哲学史家たちの探求において、スピノザがそれほど主題的に扱われてこなかった理由の一端をなすように思われる。私たちは最終章において、もう一度この問いに立ち帰るだろう。

さて、私たちは本章において、『エチカ』における平行論の諸要素のうち、主に認識論的対応と全体性との二つの要素について、それぞれ初期著作に見られる萌芽的思索からの発生系統を見ることができた。しかし、諸属性間の因果的独立は、初期著作のいずれにも見出されない要素であり、したがって『エチカ』の平行論的体系が成立するために最後に揃えられたピースだと考えられる。そしてこの要素こそが、『エチカ』の観念説に独自の帰結をもたらすという点で、私たちの議論にとって非常に重要となる。次章では、『エチカ』の平行論的体系のとりわけ因果的独立性から、どのような観念説が引き出されてくるのかを見ていこう。

(32) 本章の読解はさらに以下の二つの問題に繋がるように思われる。一つは、無限性の問題である。KVにおいて「神は自らの無限な知性の中にあったすべてを創造した」と言われる。つまり、ここでの〈釣り合い〉は無限なもの同士の間に成り立っている。無限同士が釣り合う、という事態がそもそも奇妙に思えるかもしれないが、このことはスピノザにおける無限性の特殊さを考える手がかりになるように思われる。これと関連するもう一つの問題が、必然性の問題である。E1p29に見られるように、この宇宙に存在するすべては神の本性の必然性によって、そのあり方が決定されており、他の仕方で存在することはありえなかったとスピノザは考える。一方で宇宙は無限でありながら、他方でそのあり方は「一通り」である（あらゆる出来事の順序と連結が「一通り」であるということもまた、事柄として平行論と通じているように思われる）。こうした無限性と必然性が両立する特殊な体系の基底には、スピノザ独特の〈無限な全体〉論があるように思われる。

第六章　事物としての観念——観念の〈能動性〉と〈事物性〉

第四章の議論では、『エチカ』においては観念の形相的有が重視され、その結果観念と観念対象との因果性が完全に断ち切られ、観念同士によって因果の連鎖を形成することができること、また、このような観念による因果系列は平行論という特殊な体系の中ではじめて可能になることを明らかにした。続く第五章では、この平行論という特殊な体系が、スピノザ哲学の発展史においてどのように成立したかを、初期著作の分析を通じて考察した。本章では、こうした因果的独立性を含む平行論の体系において観念の形相的有を重視するというスピノザの立場が何を帰結するのか、より深く検討してみよう。それは、スピノザにおける観念が存在論的に何であるのかを改めて問うことでもある。

「スピノザにおける観念はいかなる存在であるか」というこのシンプルな問いは、考えてみれば、それ自体が正当化を必要とするものであるように思われる。というのも、たとえばロックのように観念を「心象、思念、形象が意味するものすべて」(whatever is meant by Phantasm, Notion, Species) あるいは「思考に際して心がたずさわることのできるすべて」と考えるほうが一般的だからだ (Locke, *Essay*, p. 47.)。この場合、観念は単に心のうちにのみある、心によって把握されるかぎりにおいてのみある、ということになり、その「存在」を改めて問うことは奇妙に見えるかもしれない。

しかし、スピノザにおける観念は、必ずしも「心がたずさわる」という限定を受けるとはかぎらない。たしかに、観念の「定義」であるE2def3には「観念とは、精神が思惟する物であるがゆえに形成する精神の概念(conceptus)のことと解する」とある。しかしゲルーの言うように、この定義は狭い範囲の観念しかカバーできていない (Gueroult 1974, p. 26)。「神のうちには必然的に、神の本質の、ならびに神の本質から必然的に生起するあらゆるものの観念が存在する」(E2p3) のであり、人間精神がそれの観念を形成しないものについても、神のうちには観念が存在するからだ。つまり、スピノザにおける観念は必ずしも人間精神のうちにのみあるものではない。そうではなく、E2p3に言われるように「神のうちに［……］観念が存在する」のであり、スピノザにおいてそれは世界ないし自然のうちに観念が存在することと同義である。そのような「観念」については、いかなる意味で神ないし世界のうちに「ある」と言われうるか、問うてみる余地は大いにあるだろう。

スピノザにおける観念がいかなる存在であるかを解明すること、すなわち観念の存在論的な探求は、十分になされてきたとは言い難いものの、いくつかの先行研究によって試みられてきた。たとえば、本章でのちに詳しく検討するデラ・ロッカによる論考は、その優れた一例である。そこでは、デカルトとの差異を通じてスピノザの観念説の特異性が観念の〈能動性〉に見出される。その結論の是非はのちに検討するため措いておくが、デカルトとの差異による探求という手段は私たちにとっても有効であるように思われる。スピノザの観念説はすでに見てきたように、明らかにデカルトの影響下にあるため、そこから逸脱する部分にはスピノザの意図や主張の力点を読み込むことができるからである。

本章の議論の手順を簡単に示しておこう。まず、上述のデラ・ロッカの解釈を紹介し、そこから得られる観念の〈能動性〉という帰結と、その問題点を指摘する。次にその問題点の解決を通じ、より妥当な解釈へ、すなわち観念の〈事物性〉に特異性を見出す解釈へと発展させる(1)。最後に、私たちが本章で従来の解釈を修正しつつ提示した解釈が、どのような射程を持つものであるかを検討したい。

第一節　観念の能動性——デラ・ロッカの解釈

スピノザの観念説は、すでに述べたようにその認識論的・真理論的側面に関心が向けられがちであるが、私たちと同じく存在論的探求を試みている研究もある。なかでも本節では、デラ・ロッカの 'The Power of an Idea: Spinoza's Critique of Pure Will', 2003を足掛かりにしつつ、スピノザの観念説に迫っていこう。

デラ・ロッカの主張の中心は、E2p49に示される主張をきわめて強い反デカルト的な主張として解釈するということにある。

> E2p49　精神の中には観念が観念であるかぎりにおいて含む以外のいかなる意志作用も、すなわちいかなる肯定ないし否定も存しない。
>
> E2p49d　［……］そこで今ここにある一個の意志作用を、——たとえば三角形の三つの角の和が二直角に等しいことを精神に肯定させる思惟様態のことを考えてみよう。［……］この肯定は（E2ax3より）三角形の観念なしには在ることもできない。［……］また逆に三角形のこの観念は、この肯定なしには在ることも考えられることもできない。したがって（E2def2より）この肯定は三角形の観念の本質に属し、結局三角形の観念そのものにほかならない。

E2p49が置かれている文脈を確認しておこう。この定理は、精神の自由な意志を否定するE2p48と内容上強く連関している。E2p48dでは、精神が思惟の様態であり、したがって様態同士の必然的な因果連鎖の中にあるということから、精神に自由で絶対的な意志能力など無い、ということが証明される。このことは続くE2p48sにおいて、以下の仕方で捉え直される。すなわち、意志能力ないし肯定し・否定する能力は抽象によって想像された「一般的概念」であって、実はその都度の肯定作用・否定作用に還元されてしまうものにすぎな

（1）ここで言う〈事物性〉は筆者の造語であり、スピノザ自身が用いた用語ではない。また、デカルトやスピノザが用いる「事象性（レアリタス）」とも重なりつつも異なる意味で用いている。この点についてはのちに詳述する。

い、ということである。ここまでがE2p48およびその備考の主な内容であった。しかし、スピノザは意志能力をその都度の肯定作用・否定作用に還元するだけでは満足せず、今度はそうしたその都度の作用を観念へと還元する必要があると考えた。E2p48sの最後には、そのことが予告されている（「今度は、その個々の意志作用が事物の観念そのもの以外の何かであるかどうか［……］つまり、はたして精神の中には観念が観念であるかぎりで含んでいる肯定や否定のほかに、何か別の肯定や否定があるのかどうかが吟味されねばならない」）。デラ・ロッカはここでは言及しないが、この文脈において、観念を「表象像」とみなす見方もまた斥けられていることは重要である。E2p48sでは最後に以下のように言われる。「［……］思惟を絵画に堕さしめないようにしてもらいたい（ne cogitatio in picturas incidat）。なぜなら私は、観念を、眼底に形成される——脳の中央に形成される、と言いたければ言ってもよい——表象像（imago）とは解さずに、思惟の概念［把握作用］と解するからである」。観念は静的な表象像ではないというE2p48sの主張と、観念は肯定・否定作用を必ず含むというE2p49の主張は密接に結びついているのである。

さて、こうして導かれたE2p49は二つの主張によってサポートされる。一つは「肯定は観念なしにはありえない」という主張、もう一つは「観念は肯定なしにはありえない」という主張である。このうち前者は、E2ax3、すなわち観念は他の思惟様態に対し先行するという公理から直接引き出されているが、これは実はデカルト的な公理である（cf. AT, VII, 377）。デラ・ロッカによれば、先行研究においてはスピノザが直接参照しているE2ax3に引き付けてこのE2p49全体が解釈されるのが通例となっており（Della Rocca 2003, p. 202）、それゆえE2p49、とりわけその後者の主張がいかに深く「反デカルト的」であるかが十分に理解されてこなかったという（Della Rocca 2003, pp. 224–225）。

デラ・ロッカの問題意識をもう少し敷衍しておこう。前述のように、E2p49はE2p48の流れを汲んだものであり、E2p48とE2p49は協働して自由意志を観念へと還元しようとするものだと言える。したがって、E2p49は自由意志の否定という文脈においてすでに明白に反デカルト的なのであり、このことは従来の研究においても十分に共有されてきた。そうした表層的な不一致が淵源するところの、より深い不一致に着目すべきだ、というのがデラ・ロッカの問題意識である（Della Rocca 2003, p. 224）。デラ・ロッカはこの論点を、従来の研究が重視する他の思惟様態に対する観念の先行性の主張よりもむしろ、観念がそれ自体において肯定作用を含むという主張に重心を置いて解釈することによって浮き彫りにしようとしている。そうして導き出される結論は、ひとことで言うならば、観念が「能動」（actio）であるかどうかにデカルトとスピノザの間のより深い不一致がある、というものである。このactioという語は、「作用」や「活動」の意味をも含み持つものだが、ここでは「受動」との対比において「能動」と訳す。というのも、デラ・ロッカによれば、「観念は肯定作用を必ず含む」という主張には、デカルトにおける観念の受動性への批判が込められているからだ（Della Rocca 2003, p. 207）。このように、デラ・ロッカの議論は、観念そのものに着目する点で本書と問題を共有していると言えよう。

さて、以上のようなデラ・ロッカの議論は、観念の能動性あるいは活動性という従来あまり主題化されてこなかった重要な点を明るみに出したものである。デカルトとスピノザとの間には「自由意志の否定」以上の差異、すなわち観念そのもののあり方をめぐる対立があるというデラ・ロッカの結論には本書も同意する。しかし私たちは、デラ・ロッカの議論には不十分な点があると考える。それは、スピノザとデカルトとの差異を観念の〈能動性〉をめぐる差異とみなす点である。というのも、実はデカルトは観念を単に受動的なものとみなすのではなく、私たちがすでに確認したように、「知性の作用」（operatio intellectus）として規定してもいるからだ。次節では、本書が第一部で論じてきたデカルトの観念の二面性を簡単に振り返りつつ、この点を検討しよう。

第二節　「観念＝能動（作用）」説の反デカルト性？

本節では、上述のデラ・ロッカの議論の問題点を検討することを通じて、観念の「能動（あるいは作用、活動）」にスピノザの特異性を見出す解釈の妥当性を検討していく。

二・一　デカルトおける観念の能動性と思惟様態

前節で見たように、デラ・ロッカは、デカルトにおける観念は単に「受動的」なものであり、それへの批判が込められているという意味で、E2p49に示される観念の能動性をスピノザの「反デカルト主義」の現れだと捉えていた。しかし実のところ、デカルトにおける観念は、デラ・ロッカの言うように単に「受動的」なものではなく、本書が第一章で見たように、一方では「表象像」として、他方では「知性の作用」として規定される二面的なものであることに注意せねばならない（AT, VII, 8）。これらの二面性のどちらを本筋とみなすべきかという問題は、デカルトの同時代から現代に至るまで決着のつかない解釈上の問題となっており、穏当な解釈者ならばどちらか一方だけを取り上げることはしないのが通例である。(2) つまり、「知性の作用」としての観念もまた、デカルトの観念説の無視できない一面なのである。

さて、『省察』冒頭の「読者への序文」で提示される観念のこれらの二面性は、「第三省察」においては観念の「対象的事象性」と「形相的事象性」との対比としてふたたび現れる。近世スコラやデカルトにおいて、

「表象対象とは無関係に、それ自体として」といった意味で用いられ、それに対し「対象的」は「対象を表象するものとして」という意味で用いられてきた。第三省察では観念の「形相的事象性」が「思惟の様態」として規定されている（AT, VII, 41）。本書第一部第一章一節で確認したように、多くの解釈者は、この「形相的事象性」ないし「思惟の様態」を、「知性の作用」と重ね合わせて理解している。つまり、デカルトにおいて観念は、外的事物を表象するものとしては「表象像」と言われ、他方で、そうした表象関係とは独立に、それ自体存在するものとしては「知性の作用」あるいは「思惟様態」と言われている。このうち、端的に受動的と言えるのは前者にかぎった話なのである。

二・二　スピノザにおける観念の能動性と思惟様態

ここで、スピノザにおいてもまた、デカルトにおいてと同様に、観念が「思惟の様態」として規定される局面があることを思い起こそう。

E2p5d　観念の形相的有は思惟の様態である。言いかえれば思惟するものであるかぎりにおいての神の本性をある一定の仕方で表現する様態である。そこでそれは（E1p10より）神の他のいかなる属性の概念も含まず、したがってまた（E1ax4より）思惟以外のいかなる他の属性の結果でもない。ゆえに観念の形相的有は、神が思惟するものと見られるかぎりにおいてのみ神を原因と認める［……］。

ここでは観念の「形相的有」は「思惟の様態」であると言われている。デカルトにおける「形相的事象性／対象的事象性」の場合と同様、この「形相的有」（esse formale）は「対象的有」（esse objectivum）と対比的な語であ

（2）　e.g. Buzon & Kambouchner 2011, pp. 53–54；山田 1994, pp. 192–197.

る。したがって、観念の「形相的」すなわちそれ自体で存在するものとしての規定は「思惟様態」である、という点はスピノザとデカルトの間で共有されている。

さらに、観念が形相的には思惟様態であるという点は、実はデラ・ロッカの主張する観念の〈能動性〉とも関わっている。デラ・ロッカは「能動」という語の分析から議論を始めているが、そこでは観念が思惟様態であることが隠れた前提としてはたらいているからだ。デラ・ロッカによれば、スピノザにおける弱い意味での「能動」は、「何らかの結果を生じさせる」ことを意味する（Della Rocca 2003, p. 207）。次に、「スピノザにとって、各事物は神の力の表現であり、それゆえに各事物は原因である」。このことは「観念にも適用される」（Della Rocca 2003, p. 207）。デラ・ロッカはこの点をスピノザの記述によって裏付けていないが、各事物が神の力の表現であり、それゆえに何らかの結果の原因でもあるということ、そしてこれが観念にも適用されることを改めて裏付けておくならば、以下のようになる。

まず、E1p15において「すべて存在するものは神のうちにある、そして神なしには何ものも存在しえずまた考えられえない」ことが与えられる。ここから、E1p25c「個物（res singularis）は神の属性の変状、あるいは神の属性を一定の仕方で表現する様態にほかならない」ことが導出される。ここに個物と様態との同一性が成り立つ。また、E1p36においては「すべての事物（res）から結果が生じる」ことが与えられる。このE1p36の証明は、「実在するすべてのものは神の本性あるいは本質を、言いかえれば神の力能を（E1p34より）一定の仕方で表現する。したがって実在するすべてのものからある結果が生起しなければならない」というものである。ここで「神の本性あるいは本質を、言いかえれば神の力能を一定の仕方で表現する」という言い回しに着目しよう。これは、E1p25cにおける「神の属性を一定の仕方で表現する」という表現と共通しているだけでなく、実質的に同じことを表現している。というのも、E1def4で定義されているように、「属性」とは「実体

（つまり神）の本質を構成する」ものであるので、神の属性を表現することと神の本質を表現することとは実質的に同じことであるからだ。[3] したがってここに個物と様態との同一性に加え、それらと事物との同一性が成り立つ。個物・様態・事物に関しては共通して、「神あるいは実体の力能（あるいは本質・属性）を一定の仕方で表現する」という規定が当てはまるのである。

「各々の事物は神の力能の表現であり、原因である」というデラ・ロッカの記述は、厳密にはこうして正当化される。そして、すでに確認されたように、観念の現実に存在するものとしてのあり方は「思惟の様態」なので、先のデラ・ロッカによる規定は観念にも適用される。デラ・ロッカによれば、スピノザにおける弱い意味での「能動（あるいは活動）」は、「何らかの結果を生じさせる」ことを意味する。ここから、E1p36（「すべての事物から結果が生じる」）より、すべての事物＝様態＝個物は「少なくとも弱い意味で能動」だと言えるのである。デラ・ロッカはこの理路を実際に辿ってはいないが、「あらゆる観念は少なくとも弱い意味で能動である」という帰結は、本来このような個物・様態・事物の同一性から引き出されるものであるはずだ。そこでは、観念の形相的有が思惟の様態であるというE2p5の規定が重要な役割を果たしているのである。

以上より、デカルトにおいてもスピノザにおいても、観念の形相的側面が思惟様態であり、そして何らかの意味で能動性ないし作用性を持つという点において何ら相違をもたない、ということが明らかとなった。とはいえ、デカルトにおいてこれは「二義性」のうちの一面を取り上げた図式にすぎず、もう一方の側面、すなわち「表象像」としてのあり方（対象的なあり方）においては、観念は単に「画板の上の無言の絵」（E2p49s）のよ

（3）E1p25cとE1p36においては、「様態」と「事物」という用語上の違いがあるが、その理由は以下のように思われる。E1p25cにおいては「様態」というタームとの結びつきから「属性」という形而上学的色合いの濃い語が選択され、E1p36においては神の力能論の文脈から「事物」という語が選択されたのだと考えられる。

うな静的なものとみなされるだろう。そしてスピノザが明確に観念と表象像との同一視を斥けている点を考慮すれば、たしかに観念の能動性の強調という点にスピノザのデカルトからの逸脱を見出すことは可能である。デラ・ロッカの議論は、もしデカルトの観念の二面性のうち対象的な側面にのみ着目するのであれば、そしてその限りでのみ、妥当なものと言われうるのである。

第三節　観念の〈能動性〉と〈事物性〉

三・一　スピノザにおける観念の「形相的有」の二つの帰結

前節において、スピノザの観念説の「反デカルト性」を、単に観念の能動性に求めることはできないことを示した。それではスピノザの観念説の反デカルト性、ひいては独自性はどこに求めるべきだろうか。前述のように、観念と「表象像」との同一視の拒否、という点に一つの答えがあると言うこともできる。しかし私たちは、表象関係から独立に、観念そのものがいかなる存在であるかという点においても、すなわち「形相的」側面においても、両者の違いを見出すことができると考える。

上述のように、デカルトとスピノザの両者において、観念の形相的側面が思惟様態であり、そして何らかの意味で能動性・作用性を持つというあり方は共有されていた[4]。両者の相違は、「形相的事象性」あるいは「形相的有」の内実の相違にある。その相違は、具体的には以下の二点に見いだされうる。

まず、デカルトにおいては、観念の「形相的事象性」の意義は明示的にはほとんど展開されていなかったことを思い起こそう。私たちは本書第一部二章で、『省察』において決して明示的ではなかった観念の形相的事象性の意義を取り出すことを試みた。一つは、観念の形相的事象性が「私の思惟」を原因として持っていることが、第三省察における神の実在のアポステリオリな証明の厳密性を高めているという意義である。もう一つは、観念の形相的事象性が「私の思惟の様態」であるという仕方で観念の純粋思惟性が確保されることによって、『省察』全体を貫く企図が初めて可能なものとなるという意義である。一つ目の意義に着目しよう。観念の形相的事象性は、「私の思惟」を原因とする、結果の地位に置かれる。つまり、観念の形相的事象性も、対象的事象性と同様に、何らかのものを原因として持つ結果なのである。一方では、第一部第一章の第二節において見たように、観念の対象的事象性は思惟外の事物を原因として持っており[5]、他方では、第一部第二章の第二節において見たように、観念の形相的事象性は「私の思惟」そのものを原因として持っている。第一部第二章

（4）　ここでデカルトにおける「形相的事象性」とスピノザにおける「形相的有」をほとんど同一視することについて、疑問を持たれるかもしれない。「事象性」と「有」とは別の用語だからである。しかし、本章では両者の内実を吟味した上で、やはりほとんど同一視できるものだと判断した。まず、第一章で見たように、デカルトにおける「事象性」(realitas)とは「何であるか」とでも言うべき、「本質」や「何性」に近い意味になる(cf. 檜垣 2015, 1–14頁)。次に、「有」(esse)にかんしては、これを不定詞ととるか名詞ととるかで話が変わってくるが、本文中でも引用した「観念の形相的有は思惟の様態である」という用例は不定詞(「存在すること」)だと意味が取れないので、名詞ととるべきである。そして、この文全体の意味をとるならば、「観念は現実に存在するものとして何であるかと言うと、思惟の様態だ」という意味になるだろう。つまり、観念の「形相的事象性」にしろ「形相的有」にしろ、それは「観念が現実に存在するものとして何であるか」を問う概念なのである。以上のような理由から、私達は「形相的事象性」と「形相的有」を同一視する。

（5）　デカルトにおいては、観念対象となる事物（原因）と当の観念（結果）との間に因果関係が成り立つことが重要である。つまり、観念の対象となる外的事物が原因となって、観念の表象内容すなわち対象的事象性という結果が生じる、という因果関係である。たとえば本書第一部で見たように、第三省察における神の実在のアポステリオリな論証において、「神の観念」からその内容上の原因である神そのものへと遡る推論が成り立つのは、観念とその対象との間に内容上の因果関係が成り立つからである。

で論じたように、デカルトの観念説の革新性は観念（とりわけ対象的事象性）を因果系列に組み込んだことにあると言えるかもしれないが、そこでの観念はあくまで「結果」なのである。こうしてデカルトにおいては、結果としての観念のあり方が強調されることになる。これに対し、スピノザにおいては観念もまた因果系列の構成項となるので、観念は自らが結果であると同時に、原因として次なる結果を産出する。このことは、前節においてデラ・ロッカの議論を補う仕方ですでに確認した。観念の形相的有は思惟の様態であるので、それは個物ないし事物として、神の無限の結果を産出する力能を一定の仕方で表現しているのである。以上より、スピノザの観念の形相的有すなわち思惟様態は、別の観念の原因になりうるという点にひとつめの特徴がある。

次に、デカルトにおける観念の「形相的事象性」は、決して別の観念の対象になることはない。これに対し、スピノザは観念も「形相的本質」（『知性改善論』における用語だが、「形相的有」とほとんど意味は変わらない）を持つということから、それ自身が観念の対象となる資格を持つことを導出している（TIE 33）。こうしてスピノザにおいては、彼独自の反省作用を表現する概念である「観念の観念」が現れる。[6] このように、スピノザにおける観念の形相的有すなわち思惟様態は、別の観念の対象になりうる、という点において二つめの特徴を持っている。

以上より、①別の観念の原因となる　②別の観念の対象となる　という二点に、スピノザの観念説の存在論的な「反デカルト性」があるということが得られた。[7] 本書にとってより重要なのは前者のほうであるが、この前者については以下のような疑義が生じるかもしれない。デカルトにおいては、たしかに観念が結果としてのみ因果関係に組み込まれることができた。しかし他方で、観念は「知性の作用」であるとも規定されていたのである。"actio" とは言われていないにせよ、「作用（operatio）」もまた、何らかの結果や影響をもたらすはたらきのことを意味するのではないか。「知性の作用」としての観念が何の結果も産出しないとするならば、なぜそれは「作用」と言われうるのか、ということが当然問題になる。

結論から言えば、デカルトにおける「知性の作用」は「結果を産出しない」とは一概に言えない、というのが実情である。デカルトは、「この語［＝idea］は一方では質料的に、知性の作用、と解することができ、［……］しかし他方では対象的に、そういう作用によって表象されたもの」だと説明する（AT, VII, 8）。つまり、観念は表象する作用そのものであり、表象された内容でもある、と言われている。ここから、この「作

（6）　ただし、「観念の観念」が主題的に取り扱われるE2p20およびE2p21においては、観念の形相的有が思惟様態である、というE2p5は参照されていないことに注意が必要である。そこでの論証は、実際には『知性改善論』における論証とは異なる道を辿っている。私たちは第五章において、TIEにおいてはその都度の認識行為にもとづく平行論が提示されていたのに対し、『エチカ』においては全体的な一致にもとづく平行論が提示されていることを示した。こうした違いは、両著作における「観念の観念」の導出が異なる道筋を辿っているという事実によってもまた裏付けられよう。まず、TIEにおける「観念の観念」の導出は、先に見たように、観念の形相的本質への着目によってなされる（cf. TIE§33-34）。これに対し、『エチカ』における「観念の観念」の導出は、観念の形相的有に直接的には一切言及しない。E2p20は、人間精神についての観念が神の中にあること、そしてこの観念は人間身体についての観念と同様の仕方で神の中にあることを主張する命題である。証明では、まず神の中にはあらゆるものの観念が存在する（E2p3）、という神の観念の網羅性が確認される。その上で、精神の観念とは無限な神ではなく、個物に変状した「かぎりの神」の観念を原因とすることが示される。ここでは、全体における観念と観念対象との網羅的な一致の関係から、特定の個物とその観念という局所的な一致へ、という順序が見て取れる。全体としての対応関係の個物への適用、という『エチカ』に特有の図式はここにも確認することができるのである。

（7）　なお、私たちが見出したスピノザにおける観念の特異性は、いずれも平井によって指摘されたものと重なる。平井は「観念が形相的有を持つということの第一の意味」は「原因の資格を有する」ことであり、その第二は「観念対象の資格を有する」ことにあると述べている（平井 2001, p. 76）。ただし平井は、このうち後者およびその帰結としての「観念の観念」に重点を置いている。これに対し、むしろ前者に着目し、観念の存在論的身分にかんする記述として主題化するのが本書の試みである。

用」を「表象像を産出する作用」と解釈することは可能である。しかし、その産出された「表象像」には、現実に存在する事物としての事象性は与えられない。「知性の作用」自体は、「形相的事象性」と言い換えられることからも明らかなように、現実に存在する事物の資格を何らかの仕方で持っている。しかし、それが産出する結果すなわち表象像は、現実に存在する事物の資格をまったく持たない。したがって、より厳密には、デカルトにおける観念の「形相的事象性」は「形相的な」結果を産出しない、と言うべきだろう。ここには、現実に存在する事物の領域とそうでない心的な領域の間を架橋するきわめて曖昧な立ち位置に観念が置かれている、というデカルトに特有の図式が浮かび上がってくる。

これに対し、スピノザにおける観念の形相的有が産出する結果は、観念の対象的有ではなく別の観念の形相的有である。つまり、そこでは単なる心的な像としての観念が産出されているのではなく、「現実に存在するもの」としての観念が産出されているのである。そうして産出された「現実に存在するもの」としての観念もまた、さらに別の観念を産出する原因としての資格を有する。さらにそうして産出された観念もまた……と無限に続く。観念がこのように原因としての資格を有することによって、観念の原因を思惟属性外の何か（たとえば物体）に求める必要がなくなり、諸属性間の厳密な区別と相互作用の排除からなる平行論が成立する。あるいは逆に、平行論の体系が観念にこうしたあり方を要請したのかもしれないが、いずれにせよここでは上述のデカルトの場合のような、心と外界との中間物としての観念のあり方は斥けられる[8]。スピノザにおける観念は、現実に存在するものの領域と心的な領域とを、少なくとも因果的には架橋しないのである。

三・二　観念の〈事物性〉

以上より、スピノザの観念説のデカルトに対する特異性は、①観念は形相的な結果を産出する、②観念は別の観念の対象となるという二点に見出すべき、という帰結が得られた。私たちはスピノザにおける観念のこうしたあり方を、観念の〈事物性〉と呼びたい[9]。自らも必ず原因となって結果を産出し、そして観念によって表象される対象となる。このような存在者は、まさしく「もの」や「事物」と呼ぶべき何かである。単にあるところの"ens"と対比される具体的な何かであるところの「事物 res」は、形相的な他の事物から因果作用を被ることもできるし、反対に他の事物に因果作用を及ぼすこともできる。また、事物は表象されることも、言い換えれば、観念の対象となることもできる。事物がこうした特質を持っていることは、とりわけ物体的事物に即して考えたとき、私たちの直観に反するものではないだろう。重要なのは、スピノザにおいては物体的事物のみならず観念もまた、この「事物」の条件を満たしているということである。

ここで注意すべきは、〈事物性〉と呼ぶものが、「事象性（realitas）」とは異なる語であるということだ。第一章で見たように、事象性は、個物の存在の度合いをそれによって量ることができるようなものであった。これに対し、私たちが〈事物性〉と呼ぶ事態は、そのような「どの程度事物らしいか」という程度の差を含まない。また、「事象性（レアリタス）」は「事物（レス）」でないものにも適用されうる概念である[10]。デカルトが観念

（8）ここには、心身二元論の徹底化（換言すれば、性質を異にするもの同士のあらゆる相互作用の否定）や作用原因への原因概念の一本化といった論点を読み込むこともできようが、本章では立ち入らない。

（9）所雄章訳では realitas の訳語として「事物性」が用いられているが、本書では realitas を「事象性」と訳し、それとは異なる概念として「事物性」を用いる。

（10）「事象性（レアリタス）」と「事物（レス）」は、相互に深い関連を持ちつつも、しかし区別されるべき概念である。この区別は、「事象的（レアール）」であることと「事物」であることとの区別と言い換えてもよい。これらが厳密には異なる事態を指しているということに対して、多くの哲学史研究は十分に注意を払ってこなかったように思われる。とりわけ中世後期から近世にかけての哲学史において、この区別を踏まえた上での捉え直しが必要ではないだろうか。これは稿を改めて論じられるべき課題である。

は「対象的レアリタス」を持つと言うとき、そこで観念が「事物」であることが含意されているわけではない。デカルトにとって観念は厳密な意味で事物ではないが、さまざまな度合いで「事物らしさ」を持っている何かである。これに対し、観念が〈事物性〉を持つということは、観念が「事物らしい性質を持つ」というよりむしろ、観念が「事物そのものである」ことを意味する。私たちは、この観念の〈事物性〉こそ、スピノザの観念説のデカルトからの逸脱をもっとも鮮明に表すものであると考える。

　スピノザの観念説の特異性を観念が「事物」であることに見出す解釈に対しては、次のような疑義が生じるかもしれない。すなわち、デカルトもコギト命題によって発見される私のことを「思惟する事物（res cogitans）」と呼んでいるではないか、と（AT, VII, 27）。考える私は実体であって思惟様態ではないということを差し引いたとしても、たしかにこの意味において、観念や思惟を「事物」とみなすこと自体は、スピノザに固有のことではない。しかし、たとえば『哲学原理』の第一部五七節「属性あるいは様態と言われるものには事物そのもののなかに存するものもあるが、単にわれわれの思惟のなかだけに存するものもある」という表現から見て取れるように、事物と思惟とはデカルトにおいてしばしば対比的に扱われる（AT, VIII, 26–27 強調は引用者による）。じっさいデカルトにおいては、観念は延長とまったく同じ資格によって「事物」であるわけではない。第三省察の神の存在のアプリオリな証明に顕著であるように、観念は「結果から原因への」因果推論においてつねに結果として現れる。また、観念の対象となりうるのは思惟の外にある事物だけである。このように、①形相的な結果の原因となる、②観念の対象となる、という二点は、デカルトの観念には該当しない。デカルトは、観念に「事象性」があることは認めるし、考える私を「思惟する事物」と名指してはいるが、観念が物体的事物とまったく同じ資格で「事物」である（=事物性）とは決して認めないだろう。

　デカルトにおける観念が「事物」と呼ばれるもう一つの重要なテクストは、『省察』第一反論・第一答弁である。そこでは、第三省察における「観念とはそれが知性の中に対象的にあるというかぎりでの、思惟された事物そのものである」という主張の是非が主題の一つとなっている。この言明は白水社『デカルト著作集2』の訳注（p. 128, 訳注5）によればデカルト本人からの引用ではないものの、第一答弁でデカルト自身の主張として認められている（cf. AT, VII, 102）。ここで「観念が事物である」と言われるのは、どのような意味においてだろうか。まず第一反論の著者カテルスは、観念対象が知性の働きを対象という仕方で限定する事態を「まったく外的な命名（denominatio）」と規定し、その外的命名としての観念は現実に存在するものではないため、その原因を探求することはできないと断じる（AT, VII, 92）。つまり、観念の対象的事象性を結果として、その原因としての外的事物へと遡る第三省察の議論は妥当ではないという批判である。これに対しデカルトは、太陽の観念が「知性のうちに対象的にあるというかぎりでの思惟された事物である」と言うとき、それは太陽の観念が現実に空にある太陽と同一であることを意図するものではないと答える。つまり、観念が「事物である」と言われるときの「事物」は、現実に（＝形相的に）存在するという強い意味で言われているのではない、ということである（AT, VII, 102）。そのように断った上で、今度は「知性の中に対象的にある」という存在の仕方は、「事物が知性の外に存在する仕方よりもはるかに不完全ですが、それだからといって［……］まったくの無ではないのです」と主張している（AT, VII, 103）。デカルトは、一方では観念が強い意味で事物だとは言えないことを示し、他方ではそれはまったくの空虚な存在ではないので原因の探求を許すものであることを示している。カテルスとの議論それ自体にはこれ以上立ち入らないが、いずれにせよデカルトにおいて観念が「事物」だと言われるとき、それは「形相的」すなわち現実に存在するという強い意味で言われてはいない、ということが本章の議論にとって重要である。

これに対し、スピノザにおける観念は思惟様態であるがゆえに事物でもあり、その内実を見てみるならば、上記の①②の性質を備えている。このように、両者においては、観念や思惟が事物であると言われるとき、「事物である」ということの内実が異なるのである。以上より私たちは、スピノザの観念説がデカルトから逸脱している点は、観念の形相的有に付与された〈事物性〉にあると考える。

したがって本章の主張は、スピノザにおける観念の特異性は、その〈能動性〉に見出されるよりもむしろ、〈事物性〉に見出されるほうが適切である、ということになる。さて、ここまでに私たちが行ったことは、デラ・ロッカの解釈を単に補足したにすぎないように思われるかもしれない。というのも、事物であることの内実の一端は「形相的な結果を産出する」ことであり、この点で「事物である」ことと「能動である」ことはことがらとしてはほぼ同じ事態を指しているので、私たちとデラ・ロッカの相違は単に強調点の相違にすぎないとも取れるからである。しかし私たちは、この相違はより大きな論点に帰結する、一定の意味を持つものだと考えている。以下では、観念の〈事物性〉を主張することがいかなる射程を持つのか、二通りの仕方で示しておきたい。

第四節　観念の〈事物性〉の射程

四・一　思惟―事物間の存在論的ヒエラルキーの解体

観念の〈事物性〉を主張することの意味について、とりわけその存在論としてのインパクトを考察してみよう。スピノザの主張を真面目に受け取るなら、物体的事物が事物であると言われるのとまったく同じ意味で、観念は事物であると言われねばならない、ということになる。観念は「形相的」には、すなわち表象関係を捨象してそれ自体で存在するものとして見られるならば、様態・個物・事物であるが、他の事物（たとえば物体的事物）も同じ存在論的身分を与えられているからである。E2def1によれば、「物体」とは、「神が延長した事物として見られるかぎりにおいて神の本質をある一定の仕方で表現する様態」であるという。物体的事物と観念（すなわち思惟的事物）とは、ともに神の本質を表現する様態であり、その違いは単に、一方は延長属性、他方は思惟属性という、表現される属性の違いだけなのである。(11) したがって観念は、人間精神によって生み出され、あるいは人間精神によって把握されるだけの存在ではない。それは物体的事物が実在的な存在者であるのとまったく同様に、実在的な存在者なのである。

他方でデカルトは、すでに述べたように、観念が物体的事物と同等に事物であるとは決して認めないだろう。たしかにデカルトは観念の「形相的」側面、すなわち「現実に存在するもの」としての側面を認めてはいる。ただしそれは、物体が事物であるのと同程度に「事物」であるわけではない。デカルトが思惟の外の事物と観念とを対比的に扱うとき、後者の事象性は前者の事象性よりも必ず低く見積もられる。というのも、デカルトによる因果の推論は必ず「結果から原因へ」と遡行的に遂行されるが、この因果推論において観念は原因ではなく結果としてのみ扱われるからである。ここで重要なのは、デカルトにおいて原因は結果に対して、事象性の上で優越していなくてはならない、ということである。「以前には存在しなかった石が今存在し始める

(11) ここで、物体的事物と観念とがともに「事物」であるということが、両者の協働や相互作用を含意しないということを注記しておこう。前章までに見たように、『エチカ』のいわゆる平行論的体系においては、異なる属性にまたがるいかなる因果作用も排除されているからである。したがって、観念が形相的な結果を産出するがゆえに物体的事物とまったく同じ資格で「事物」である、と言われるとき、それは観念が物体的事物に対しても因果作用を及ぼしうる、という意味ではない。むしろ、第四章で論じたように、観念が事物であるからこそ、観念は観念同士の間だけで因果系列を構成することができ、物体的事物への因果的な依存を断ち切ることが可能になっているのである。

ためには、その石の中に置かれているすべてを、形相的にあるいは優勝的に自分のうちにもつ、あるものによって生み出されるのでなければ不可能である」(AT, VII, 41)。つまり、結果のうちにAが見出されることから原因のうちにもまたAがある、ということは妥当に推論されることができるが、反対に、原因のうちにAが見出されることから結果のうちにもまたAがあることを推論することは妥当でない。原因が持つものを必ずしも結果もまた持つとは限らないからである。デカルトの推論が「結果から原因へ」と遡行的にしか進まないことの理由はこれである。このような因果推論の枠組みにおいて、観念はつねに結果の地位に置かれ、外的事物がその原因とみなされている。心的なものは心の外にあるものに対して事象性の上で劣る、という発想は、デカルトに限らず、多くのパターンの認識論が陰に陽に前提としているもののように思われる。

これに対しスピノザにおける観念は、物体が事物であるのと同じ意味で事物であり、現実に存在するものである。こうしたスピノザの観念説は、現実に存在するものと心的なものの間の存在論的ヒエラルキーを解体して、両者を事象性の上でフラットにしてしまう。観念が事物であるという主張は、多くの認識論が暗黙のうちに前提とするヒエラルキーを解消する力を持っているのである(12)。

四・二　認識主体に対する観念の優先

上述のように、デラ・ロッカはスピノザにおける観念の能動性を主張していたが、その際、根拠となるはずの観念の思惟様態としてのあり方、ひいては観念の事物性にはほとんど言及していなかった。デラ・ロッカはそこではむしろ、E2def3 に依拠することによって議論を補強している (Della Rocca 2003, p. 207)。E2def3 とはすなわち、「観念とは、精神が考えるものであるがゆえに形成する精神の概念であり、概念は精神の受動 (pati、はたらきを受けること) ではなく能動 (actio) を表す」という、まさしく観念の定義である。

しかしこの定義は、ある限定を蒙るものであることに注意せねばならない。ゲルーはE2def3の「観念」の定義としての「狭さ」を、以下のように指摘する。曰く、「それは精神が持つ観念を定義しており、精神であるところの観念も、神が神自身や事物について持つ観念も定義していない」(Gueroult 1974, p. 26)。『エチカ』の体系において、観念は精神に関係しようがしまいが、あらゆる事物について存在するものであるにもかかわらず、E2def3は「観念」一般ではなくて、精神が形成するかぎりでの「観念」としてしか定義されていない(13)。

デラ・ロッカは、このE2def3における観念の定義に依拠して、観念の能動性を強調していた。しかしE2def3の定義が〈精神が観念を形成する〉という局面にかぎられたものであるかぎり、デラ・ロッカの主張する観念の能動性には、精神の能動性が密輸入されてしまっているのである。また、デラ・ロッカは同じ文脈で

(12)　この点においてライプニッツとの差違も明らかとなる。というのも、ライプニッツにおいては支配的な心的モナドと従属的な物体的モナドとの間にはヒエラルキーがあるからである。一七〇三年六月二〇日付のデ・フォルダー宛書簡では、次のように言われる。「しかもこのエンテレケイアを伴った完足的な単純実体たる［支配的］モナドに対しては、有機的身体をなす物塊の全体に与る原始的受動力のみが結び付けられます。［その身体の］諸器官に配された残りの従属的モナドは、［有機的身体全体にとっての］部分をなすわけではありませんが、それにとっては直接的に必要なものとなっています。そしてそれらは第一のモナドと同流することによって動植物のような有機的な物体的実体になるのです。それゆえ私は以下のような区別をします」。ここでライプニッツは、エンテレケイアを伴ったモナドを支配的なモナドの地位に置き、対して身体をなす物塊の諸器官を従属的モナドによって構成されるものだと捉えている。この前者の支配的モナドこそ、その直後のモナドの区分を行う箇所において「魂」と言い換えられるものである。次のように。「1．第一エンテレケイア、すなわち魂、2．第一質料、すなわち原始的な受動力、3．これらの両者からなる完足的なモナド、4．物塊、すなわち第二質料、つまり有機的機械、ここには無数の従属的モナドが合流しています、5．動物、すなわち物体的実体、［有機的］機械の中の支配的モナドがこれを一なるものとします」。『ライプニッツ著作集9』1989, p. 102.

(13)　ゲルーはこのバイアスについて、「そこでは、われわれが諸観念を、対象によってわれわれの中に生み出される受動としてではなく能動として捉えるという仕方で、われわれの形成する観念に関係する先入見を排除する」ことが主眼になっているためだと説明している（Gueroult 1974, p. 28）。E2def3の定義が孕む問題についてはのちに第八章で詳述する。

「あるものの活動はすべてコナトゥスの結果である」というコナトゥス論を引き合いに出し、「観念が精神の作用（actio）であるとするならば、それぞれの観念は何らかの形で作用主体の維持と向上のための努力と結びついて」いると主張している（Della Rocca 2003, p. 208. 傍点は引用者による）。デラ・ロッカはここで、観念の能動性を、作用主体すなわち精神の努力と結びつけているのである。しかし、上述のように、観念が「精神の」能動であるという定義は、網羅的なものではない。本書でのちに詳述するが、観念は本性上、精神含むその他の思惟様態に先行するものである。上野はこの事態を捉えて、「精神なんかなくても、ただ端的に、考えがある、観念がある、という雰囲気で臨まねばならない」と言う（上野 2005, p. 108）。デラ・ロッカの解釈の前提となっているもの、すなわち観念はそれを把握するところの精神あってのものであるという理解は、むしろスピノザが覆そうとしたものではないだろうか。スピノザにおける観念は必ずしも心のうちにのみあるものではなく、E2p3 に言われるように「神のうちに［……］存在する」もの、言い換えれば世界のうちに存在するものである。私たちが検討した、そしてデラ・ロッカも検討している E2p49 は、精神の絶対的な意志を、個々の肯定作用へ、さらに個々の肯定作用を個々の観念へと還元してゆく局面なのであり、そこに「精神の能動」を強く読み込むべきではないだろう。

そして、こうした方向性を突き詰めた先には、単に自由意志の解体だけにとどまらない、あらゆる認識主体の解体がある。デカルトにおいても観念は「作用」ではあるが、それはあくまで「知性の作用」なのであり、精神ないし人間知性の外にその存在の場を持つような観念は明らかに想定されていない(14)。それに対しスピノザにおける観念は、人間知性の外にも存在しうる。むしろ、人間知性や人間精神といったものは、「観念」すなわち「思惟様態」一般のサブカテゴリーとしてのみ考えられるものである。のちに第八章でふたたび取り上げるが、『エチカ』においてあらゆる思惟様態の中で観念は「本性上さき（natura prior est）」であり（E2p11d）、知性などの他の思惟様態が観念なしには存在し得ない一方で、観念は他の思惟様態なしに存在しうる（E2ax3）。つまり、デラ・ロッカのように、認識主体の能動性に基づけて観念の能動性を主張することは、『エチカ』における本来のプライオリティに反しているのである。諸観念は、他の何にも依存することなく自律的に因果系列を、あるいは観念同士のネットワークを形成しうる。認識主体は、そこではあくまでオプショナルな存在者なのである。

ここで、私たちは便宜上「主体」という語を用いてきたが、スピノザ本人は「主体 subjectum」そのものについてほとんど語っていないことに注意すべきだろう(15)。スピノザが実際にその優越性・絶対性を剥奪しようとしているものは「人間精神」である。ただし、単に「人間身体」に対応する観念としての「人間精神」は保存されねばならないだろう。しかし、何かを表象する、肯定する、意志するといった認識的なはたらきの起点となる絶対的なユニットとしての地位はもはや人間精神に認められるものではない。この意味で、真に解体されなのである。

（14）　ゲルーは『哲学原理』と『デカルトの哲学原理』における「コギト」の相違に着目して同様の結論に至っている。すなわち、前者においては思惟の中に位置していた「コギト」が、後者においては実在としての身分を与えられるということである。ゲルーもまたこうした事態を、「実在論」という語を用いて表現している。（cf. Gueroult 1970, p. 70）.

（15）　スピノザは「subjectum」という語を『短論文』や『デカルトの哲学原理』、「形而上学的思想」および『ヘブライ語文法綱要』においてしばしば用いているが、それらは文法用語としての「主語」として用いられるか、あるいは何らかの特質・性質が帰属されるところの「基体」として用いられており、知的ないし身体的な何らかの行為の「主体」として用いられているわけではない。『エチカ』における用例は少ないが、たとえば E3p5 では次のように言われる。「事物は一方が他方を破壊しうるかぎりで相反する本性を持つ。すなわち同一の基体（subjectum）にあることはできない」。畠中訳はここで「主体」という訳語を選択しているが、上野訳のように「基体」と訳すのが妥当であろう。ここでは相反する特質を何かあるものに同時に帰属させることはできない、ということが問題とされているのであり、同時に異なる行為をなす場合が問題なのではないからである。

ようとしているのは単に人間精神というより、認識主体と呼ぶべき何かなのである。

したがってこの、認識主体に対する観念の優先という観点からも、観念の「能動性」を強調するのではなく、観念が「事物」であるという点を強調すべきである。観念が「能動」すなわちactioであるという論点を強調することは、「知性の作用」と言われる場合の「知性」のような認識主体をつねに前提して観念を捉えようとすることにつながり、ひいては、認識主体の絶対性を解消するスピノザのラディカルな主張を取りこぼしてしまうのである。

本章の問いは、スピノザにおける観念はどのような意味で「存在する」のか、というものだった。まず、私たちはデカルトとの比較を通じて、スピノザにおいては①観念が形相的な結果を産出すること、②観念が別の観念の対象となること、という二点を明らかにした。次に、こうした観念のあり方の実態を捉えるには、観念が〈能動性〉を持つというよりもむしろ〈事物性〉を持つ、つまり観念そのものが「事物」である、と特徴づけるべきであることを示した。つまり、スピノザにおける観念の存在論的身分は「事物」であり、それは物体が神あるいは世界のうちに存在するのと同じ仕方で「存在する」のである。その上で、観念のこの〈事物性〉が、現実に存在するものと心的なものの間の存在論的ヒエラルキーの解体や、また観念の認識主体に対する優先といった論点に結びついていることを明らかにした。このように、観念の事物性こそ、スピノザの「反デカルト性」あるいはラディカルさの中心をなすものである。以上が、本章が明らかにしたことであった。

反対に、本章で論じきれなかった点を挙げておこう。まず、「観念は物体と同等に現実に存在する事物である」という本章の帰結からは、スピノザ哲学を、無機質な物体のみによって世界が構成されていると主張し、観念や思惟を物体的なものへと還元する唯物論の体系として捉えることへの疑義が生じてくる。というのも、スピノザによれば、観念は決して物質に還元されることはなく、むしろそれらはまったく同じ資格において

「現実に存在する」何かであるからだ。従来の解釈にしばしば見られる唯物論的傾向は、観念の事物性をどのように処理しうるのだろうか。この論点については、本書の発展的帰結として、結論でもう一度触れることにしよう。

第三部　観念と人間――神における平行論から人間の認識へ

第二部までに見てきたように、スピノザはデカルトの観念説の二側面的構造を受け継ぎつつ、その対象的側面だけでなく形相的側面も重視することで、平行論という独自の体系を練り上げた。平行論は、延長するものと思惟するものとを同じ意味で「存在」させ、また両者の間の価値的な優劣すらも均してしまう。このことは、形而上学の領域におけるスピノザの革新性を示すものであり、観念の形相的（すなわち現実に存在するものとしての）側面を重視するスピノザの観念説のもたらした、一つの重要な帰結だと言えよう。これに対して対象的側面のほうは、デカルトの場合とは逆に、その役割はそれほど明瞭に現れてこない。第四章で確認したように、神のうちに「対象的に」あるものと神から「形相的に」産出されるものとが一致していることで、〈観念〉と〈観念されたもの〉との間の平行論が成立し、『エチカ』において認識論的地平が拓かれる。第三部では、この対象的側面に着目し、スピノザの認識論の内実に迫っていこう。

私たちの課題をもう少し敷衍しておこう。第二部で見てきた平行論はあくまで体系全体において成立するものであり、神において成立するものである。人間の認識は、誰しも経験から知っているように、必ずしもつねに対象と一致するわけではない。人間精神も人間身体も平行論的体系の一部であるにもかかわらず、である。全体としてはつねに一致する平行論的体系と、容易く間違う人間の認識との間には明らかにギャップがあるが、これはどのように理解されうるだろうか。換言すれば、神あるいは無限な宇宙全体のレベルで成立していた平行論の構造は、有限な人間によってなされる不完全な認識のありように、どのような帰結をもたらすだろうか。平行論の存在論的な帰結を見てきた私たちは、次にその認識論的な帰結を明らかにする必要がある。認識論の問題は、従来の観念説研究の中心に据えられてきた。ナドラーにせよシュールマンにせよ、人間精神の認識における観念のはたらきが探求の中心に置かれていた(1)。それゆえ、この課題に取り組むことを通じて、スピノザの観念説の同時代の哲学者との共通性や特異性がいっそう明らかになるだろう。

上記の問題意識のもと、第七章では、平行論における体系全体において成立する〈一致〉が、個物とその観念との局所的な一致にどのように適用されているかを、「存在しない個物の観念」に着目しつつ明らかにしよう。『エチカ』の体系において存在しないものについての観念が認められているという事実は、観念と対象とがつねに一致するはずの平行論的体系の綻びを示すものであるように思われる。E2p8を中心とする「存在しない個物の観念」の問題は、解釈上の難問となってきた。結論を先取りするならば、「存在しない個物」についての観念は、キマイラの観念などの虚構の観念ではない。また、「存在しない」とは時間的なある点において存在しない——今は存在しないがかつて存在した広島市民球場のように存在しない——ことを指すにすぎない、と解釈することで、「存在しない個物の観念」と平行論の衝突の問題は解消される。また、『エチカ』において観念が事物の「対象的有」と言い換えられるのはE2p8cの一度だけであり、それらの関係はそれほど明らかではない。第七章では最後に、E2p8の分析を通して、観念と事物の「対象的有」との関係を明らかにしよう。続いて第八章では、第七章で明らかになったことを踏まえ、『エチカ』に、とりわけ第二部に「認識論」を見出すことはできるのかを問う。『知性改善論』と『エチカ』の間には、前者にあった分かりやすい方法論が後者には見いだされない、という大きな違いがある。つまり、『エチカ』は一見すると、「どうすれば私たちの認識能力を向上させることができるか」という具体的な方策を示してくれないように思われるのだ。しかし、方法論なしの認識論などそもそも可能だろうか。認識論は一般に、とくにスピノザの時代においては、「いかにして正しい認識を獲得するか」を示すものではないだろうか。第八章では、『エチカ』に認識論を見出そうとした際に生じる、こうした困難について考察しよう。

（1）　この傾向は、少なからずそれらの研究対象――主としてデカルトからアルノー、マルブランシュ、そしてロックまで――そのものの傾向を反映したものであるように思われる。

第七章　「存在しない個物の観念」とは何か

――『エチカ』第二部定理八再考

『エチカ』には、「存在しない個物の観念」という謎めいた対象についての以下のような定理がある。

E2p8　存在しない個物ないし様態の観念は、個物ないし様態の形相的本質が神の属性の中に含まれているのと同じように神の無限な観念の中に包含［把握］されていなければならない。

この定理を読むとき、私たちには即座にいくつかの疑問が浮かぶ。たとえば、「存在しない個物」は文字通り「存在しない」のに、その観念は神の無限な観念の中に「包含されている（comprehendi）」（「存在する（existere）」とは言われないにせよ、何らかの仕方で「ある」）というのは、平行論の教説と矛盾するではないか、という疑問である。これは確かに、『エチカ』の体系の一貫性を揺るがしかねない重要な論点だろう。他方で、そもそも「存在しない個物」を想定すること自体がスピノザの他の教説と矛盾するではないか、という問題もある。というのも、スピノザにおいては無限のものが無限の仕方で神から必然的に産出されねばならないからだ（E1p16）。「存在しない個物」を含むような神は、真に「無限」とは言われえないのではないか。また、仮に「存在しない個物」ということで事物がいわば現実化されずに可能態にとどまる次元を示唆しているのだと解釈すれば、伝統的な形而上学の共通の枠組みによって理解しやすくなるかもしれない。しかしそれは、可能性を原因についての認識の欠如とみなす、という様相についてのスピノザの基本的見解と矛盾するものではないか(1)。では一体、「存在しない個物」とは何を指しているのだろうか。

古くから『エチカ』読解上の難関であったE2p8にかんしては、先行研究によってすでにさまざまな解釈が提出されてきた。とりわけ争点となっているのが「形相的本質（essentia formalis）」をいかに理解するかという

（1）　cf. E1p33s1, E4def4.

ことである。本章でのちに触れるように、この概念について近年レルケが新しい解釈を提出している。私たちはまず、従来なされがちだった解釈とそれに対するレルケの反論をなぞりつつ、この「形相的本質」の意味を確定させることから始めよう。私たちはそこで、形相的本質と現働的本質との区別を重視するレルケに対し、E2p8で問題となっているのはむしろ、形相的本質とその観念すなわち対象的有（esse objectivum）との関係である、という解釈を提示する（第一節）。その上で、「存在しない」を「時間において持続していない」という意味にとらえることで、E2p8を神の産出の無限性と矛盾しない仕方で解釈する（第二節）。さて、「存在しない個物」をそのように解釈したところで、「存在しない個物の観念」と平行論との不整合の問題は残る。ここでは、キマイラなどの本性的に矛盾したものの観念と対比させつつ、E2p8がいかにして平行論から導出されているかを明らかにしよう（第三節）。最後に、E2p8およびE2p8cの分析を通して浮かび上がってくる、対象的有のある性質について考察しよう（第四節）。

以上の手続きによって、「存在しない個物」とはそもそも何であるか、その存在は神の産出の無限性と矛盾しないのか、その観念は平行論と矛盾しないのか、という三つの疑問に答えることを目指す。これにより、「存在しない個物の観念」の内実と『エチカ』における位置付けが明らかになるだろう。

第一節　「形相的本質」は何を意味するか

一・一　形相的本質／対象的本質、形相的有／対象的有

まず、E2p8から読み取れることは、「存在しない個物」の形相的本質は「神の属性の中に含まれ」るもので

ある、ということだ。「形相的本質」とは、『知性改善論』において「対象的本質」と対比的に用いられる概念である。すでに見てきたことではあるが、この対概念は以下の意味において用いられている。すなわち、対象的本質は表象されるかぎりでのあり方、いわば表象内容としてのあり方を意味するのに対し、形相的本質は表象によって捉えられるかどうかにかかわらず、それ自体独立に、いわば現実的にあるあり方を意味する。[2]『知性改善論』における用法もまさしくこの対比の下にあり、佐藤によれば、この対概念を用いて『エチカ』において確立される平行論の原型が表されているのである。[3]ただし『エチカ』において「形相的／対象的」の対概念のもとで平行論の教説が展開されるとき（cf. E2p5, 6, 7）、「形相的（／対象的）本質」ではなく「形相的（／対象的）有」が用いられており、両著作の間に微妙な用語法の変化が見られる。「本質（essentia）」と「有（esse）」の違いについては本章でのちに触れるとして、少なくとも同様の対比が『エチカ』に引き継がれていることをここでは押さえておこう。大まかに言って、形相的と対象的との対比は、存在と思考との対比なのである。

以上を踏まえE2p8に戻ろう。まず初めに確認しなければならないのは、「個物ないし様態の形相的本質が神の属性の中に含まれている」と言われるときの「個物ないし様態」とは、「存在する個物ないし様態」を指しているのか、それとも「存在しない個物ないし様態」を指しているのか、ということである。もし「存在する個物ないし様態」を指している場合、E2p8で「…と同じように～（ita～ ac ...）」という表現によって同等比較されている二つの事柄は、〈存在する個物の形相的本質が神の属性の中に含まれる〉ことと、〈存在しない個物の観念が神の観念の中に含まれる〉ことになる。この解釈は、上に述べた「形相的」の意味に鑑みると一見妥当に思われる。というのも、「形相的本質」は基本的に「現に存在する」という意味なので、「存在しない個

（2）実際、デカルトにおいて形相的本質は、「現働的本質 essentia actualis」と言い換えられている。cf. AT, VII, 41
（3）詳しくは「〈並行論〉と「観念の観念」――「知性改善論」から「エチカ」へ」（佐藤 2004, pp. 87–102）を参照。

物」とは対比されて然るべきであるように思われるからである。「存在する個物」と「存在しない個物」というまったく別の個物が、一方は神の属性に、他方は神の観念にそれぞれ含まれるのであり、その含まれ方が「同じ」である。E2p8は、このように解釈することもできるように思われるのだ。

しかし、E2p8の証明を見てみるならば、この理解は妥当でないことが明らかになる。そこでは、「この定理は前定理から明白である。しかし、前定理の備考からはよりいっそう明晰に理解される」と言われる。前定理は、いわゆる「平行論」のテーゼであるE2p7であり、続く備考の内容も、平行論を別の角度から根拠づけるものである[4]。したがってE2p8は、平行論の教説から導出されうる内容でなければならない。それは、〈存在する個物の形相的本質が神の属性の中に含まれる〉のと同様に、〈存在しない個物の観念が神の観念の中に含まれる〉という主張ではありえない。E2p7から導出されうるのはむしろ次のことである。存在しない個物の観念は、その観念対象（ideatum）である当の個物の形相的本質が神の属性の中に含まれているのと同じように、神の無限な観念の中に包含されていなければならない。つまり、存在しない個物の形相的本質、すなわち現に存在するあり方が、神の属性の中に何らかの仕方で「ある」、ということである。

つまり、E2p8は、「存在しない個物」の形相的・現実的存在が神のうちにあることを含意する。しかし存在しない個物の形相的本質を問うことは、存在しないものの存在、という自己矛盾的なものを問うことであるように見える。存在しない個物の形相的本質を、どのように理解すればよいだろうか。「存在しない個物」との「形相的本質」とは、存在の仕方が異なる、あるいは存在領域が異なるものなのか。先行研究においても、この一見不可解な主張をどのように理解するのかが争点となっている。私たちは次に、多くの先行研究における解釈の傾向と、それに対して批判的なレルケの解釈を見ていこう。

一・二　E2p8における「形相的本質」をめぐる議論

a　本質と存在との二つの存在領域を想定する解釈

前述のように、『エチカ』において形相的／対象的の対概念は「有（esse）」に付加される用法が主であったが、問題となっているE2p8では「本質（essentia）」が用いられている。この「形相的本質」を「本質」一般の意味に解し、「存在（existentia）」と区別されたものとして捉える解釈が少なからぬ解釈者によって採られてきた。代表的なものとしてゲルーの解釈を見てみよう。[5] ゲルーは後続のE2p8cを援用することで、〈属性のうちに含まれる〉ことと〈持続において存在する〉こととの対比をE2p8に見出す。E1p21によれば属性の本性から絶対的に帰結するものはすべて永遠であるから、この対比は、永遠なものと持続においてあるものとの対比でもある（のちに再検討するが、私たちはここまでは同意する）。ゲルーはここからさらに、永遠と持続との対比を本質と存在との対比と重ね合わせ、その根拠として「形相的本質」という語を持ち出す。つまり、E2p8は、「存在（existere）」はしないが「本質（essentia）」はある、という個物を想定していることになる。たしかに、『エチカ』において本質と存在の対比はしばしば見られる。たとえばE1p17sでは、「人間は他の人間の存在の原因ではあるが本質の原因ではない。この本質は永遠の真理だからである」と言われ、他方で、人間の存在、あるいは個物一般の存在にかんしては、E2def5eで言われるようにその有限性がしばしば主張される。[6] このよう

（4）E2p7sでは、観念とその対象との平行関係が、唯一実体―複数属性説によって根拠づけられる。しかし、続く備考のほうが「よりいっそう明晰に理解される」と言われているのはなぜかという点については、疑問が残るところである。

（5）Gueroult 1974, pp. 92–93. に依拠する。

（6）この有限性の根拠にさらに遡るなら、それは「神から産出された事物の本質は存在を含まない」（E2p24）ことによる。本質が存在を含むものは自己原因すなわち神だけであり、それ以外の事物はすべて、何らかの外的原因に依存してしか存在しえない。また、仮に神以外に無際限に持続している様態が存在したとしても、それは外的な条件がたまたま揃ったた

に、有限な事物の場合、その本質と存在との間にはギャップが生じる。ゲルーはE2p8の「形相的本質」を「本質」一般と解してこのような重ね合わせを行っている。その根拠となるのは、後続のE2p8cである。

E2p8c　この帰結として次のことが出てくる。個物がただ神の属性の中に包含されている限りにおいてのみ存在する間は、個物の対象的有すなわち個物の観念は神の無限な観念が存在する限りにおいてのみ存在する。しかし個物が神の属性の中に包含されている限りにおいて存在するばかりでなく、さらにまた時間的に持続していると言われる限りにおいても存在すると言われるようになると、個物の観念もまた持続していると言われる存在を含むようになる。

ゲルーも言うように、ここでの「個物が［……］神の属性に含まれている」とは、E2p8の「個物ないし様態の形相的本質が神の属性の中に含まれている」ことと同じことを意味するように思われる。ここから、ゲルーは「個物が神の属性のうちに包含される」ことと、「時間的に持続している」こととの対比を、E2p8にも読み込む。その上で、「永遠性」と「持続」との対比を、「本質」と「存在」との対比として理解しようとしているのである。(7) たとえば広島市民球場を例に考えるならば、広島市民球場の本質は永遠的にあるものだが、あるとき存在（existentia）を付与され、その存在を失ったのちはふたたび本質のみのあり方に戻る、という説明モデルをゲルーは想定していることになる。

このようにゲルーは、本質と存在との二つの存在領域を想定し、それぞれに〈属性のうちにのみ存在する〉と〈時間においても持続している〉を割り当てている。議論の細部は異なるが、ドゥルーズ、デラ・ロッカらもまた、本質と存在との二つのレイヤーのもとで「形相的本質」を本質一般として理解している点は変わらない。[8] こうした解釈に対し、近年レルケは、別の観点から批判を加え、新しい解釈を提示している。私たちは次に、レルケの解釈を見ていこう。

b　レルケによる批判

上述のような存在と区別された本質として「形相的本質」を理解する解釈に対し、レルケの解釈はまったく異なる方向性をもつ。[9] レルケが指摘する問題点は、この図式が「形相ないし本質に質料ないし存在が付与されることでものが現実に存在するようになる」といった、アリストテレス・トマス的な図式と何ら異なるところがないように見えるということだ。純粋な本質や形相は、現実化されることもされないこともできる、いわば可能態にとどまるものである。スピノザは、そういった可能的なものの領域を明確に否定していたはずではなかったか。[10] この点でスピノザはライプニッツと対比的に理解されるべきだとレルケは指摘する。[11]

めに（言い換えればその存在を除去する原因が現れなかったために）無際限であるだけであって、その存在に本性的な必然性がないならばそれは永遠とは呼ばれ得ないのである。「たとえその持続を始めも終わりもないものと考えようとも、持続や時間によっては［永遠性は］説明されえない」（E1def8e）。

（7）　もしそうではなく端的に「本質」の意味で「形相的本質」と言われているとすると、ゲルー自身がE2p8c前半部をE2p8と内容上同一視して援用していたことと矛盾してしまう。もっとも、直前までの議論では「形相的有」が用いられているので、そうではなく「形相的本質」が用いられている箇所にはそれなりに「本質」としての意味を読み込むべきだ、と思われるかもしれない。なお、「形相的有」ではなく「形相的本質」と言われていることの含意については、私たちはもっと後に取り上げることにしよう。

（8）　Cf. Deleuze 1968, p. 87 ; p. 105 ; p. 164, Della Rocca 1996, p. 98.

（9）　ただし、レルケはこの箇所の先行解釈を直接的に批判していると言うより、スピノザの哲学を「プラトン化」してしまう近年の解釈傾向そのものに対して、存在の一義性を重視する立場から批判の矛先を向けている。

（10）　Cf. E1p33s1「ある事物が偶然と呼ばれるのは、我々の認識の欠陥に関連してのみであって［……］。［……］その事物

レルケの解釈のポイントは、「形相的本質」「現働的本質」といった二つの本質概念の間の関係を分析し、それらが数的に異なるものでないことを示したことにある。レルケは、本質に二種類あるというわけではなく、そもそもスピノザの体系において「現働的（actualis）」という形容詞は、単にすべての事物に備わった性質を強調するためのものにすぎないと言う（「何もそうでないことは考えられない」Lærke 2017, p. 34）。「形相的」と「現働的」という形容詞は、ものの内的構成関係である静的な本質と、自己の有に固執するコナトゥスとしての動的でパワフルな本質、という異なる本質のあり方を示してはいるが、それは二種類の異なる本質があるという意味ではなく、同じ一つの本質の二側面を表していると言うのである（Lærke 2017, p. 36）。現働的な本質とは別のところに、（ゲルーらがそう考えたような）可能態にとどまりうるような形相的本質の余地が残されているというわけではないのである。

レルケは以上の分析によって、スピノザの存在論を「唯一無二の変状した実体」という単一のレベルで理解し、本質と存在というプラトン的な存在の二元論（dichotomy）を想定するいかなる読解も斥けようとする（Lærke 2017, p. 28）[12]。ゲルーらの解釈における〈属性のうちに含まれる〉本質と〈時間において持続している〉存在との間の対比は、レルケの言う通り、スピノザに見出されるべきものではない。この方針自体は私たちも賛同できるものだが、次に見るレルケの議論も、やはり難点を含んでいるように思われる。

c　レルケの解釈

レルケは、本質のレイヤーと存在のレイヤーとを区別し、前者に「存在しない個物の形相的本質」を帰属させる解釈を批判する一方で、「形相的本質」と「現働的本質」との区別は、いわゆる実在的区別としてではないにせよ保持していた。レルケによれば、形相的本質は事物の内的構成関係と言うべきものである。形相的本質を内的構成関係と捉えた結果として、レルケは「存在しない個物」に以下のような独特の解釈を与える。「形相的本質は、それが本質であるところの事物が存在しない場合でも、その形相は、存在する［別の］事物に一定の仕方で含まれ、それが存在しない正確な原因や理由を提供するゆえに、神の属性に実際に含まれる」(Lærke 2017, pp. 40–41)。「存在しない個物」の例として、レルケは「すでに食べてしまったアイスクリーム」を挙げる。このアイスクリームがなぜ今は存在しないのかを説明する原理、つまり、「私が食べてしまった」という事実が、この今は存在しないアイスクリームの「形相的本質」である。(13) 存在しない個物の形相的本質は、

の本質が矛盾を含むことを我々が知らないような事物、あるいはその事物が何の矛盾も含まないことを我々がよく知っていてもその原因の秩序が我々に分からないためにその事物の本質について何事も確実に主張しえないような事物、［……］そうした事物を我々は偶然とか可能とか呼ぶのである」。

(11)　cf. Lærke 2017, pp. 12–13. なおそこでは、形相的本質の領域をライプニッツの「可能的な諸物の領域（regio possibilitatis）」になぞらえる解釈者としてドナガン、ベネットらが挙げられ、批判されている。ここでは代表して、ベネットの議論を少し見ておこう。ベネットは、私たちの身体のような個物を、永遠の本質が一時的に例化されたものだと考え、この永遠の本質を「永遠の可能性」あるいは端的に「可能性」と言い換えている（Bennett 1984, 357–358）。ベネットによれば、スピノザにおいて平行論は存在同士の間に成り立つのと同様に、本質同士の間にも成り立っていなくてはならない。さもなければ、ある属性におけるいくつかの可能性は他の属性におけるカウンターパートを持たないということになり、平行論が機能しない場合がありえてしまうからである（Ibid., 358）。ベネットはE2p8もこの文脈の中で解釈している。彼によれば、E2p8が意味するのは、「諸現実性の間に心理学的平行論が成立するのと同様に、諸可能性の間にも心理学的平行論が成立している」ことなのである（Ibid., 358）。

(12)　こうした批判は、秋保によってもなされている。ゲルーやジョゼフ・モローの解釈は、本質と実在の領域をはっきり分け、前者に永遠性を、後者に持続を割り当てるが、秋保はこれに対し、スピノザにおける本質と実在とを分離することになるとして反対している。秋保 2019, pp. 230–232 ; pp. 243–244, 注（7）, 注（8）.

(13)　レルケによる説明は以下のように続く。もし私の頭の中に、生クリームと卵と砂糖を混ぜて冷凍庫に入れ、冷やし固める、といったレシピの全体像が浮かんでいるなら、私はそのアイスクリームについて十分な観念を持つことになる。この

それがなぜ存在しないのかの原因を提供する本質として、神の属性のうちに含まれる（Lærke 2017, p. 40）。この「内的構成関係」ないし「ものの存在・非存在の説明原理」としての「形相的本質」の解釈は、「形相」の意味合い[14]と「本質」の意味合いの両方を包含する一見優れた理解のように思われる。

d　先行研究の問題点

以上より、E2p8 の「形相的本質」に「本質」一般の意味を読み込む点で、ゲルーらとレルケは共通しているように思われる。しかし、そもそも E2p8 の「形相的本質」に、そのようなきわめて形而上学的な「形相」および「本質」を読み込むことは妥当だろうか。というのも、ここで重要なのは本質と存在との対比ではなく、形相的本質と対象的有との対比であるように思われるからである。E2p8 の直後の系を見てみよう。

> E2p8c　個物が単に神の属性に含まれているだけで現に存在しない間、その対象的有すなわち観念は、神の無限な観念が存在する限りにおいてしか存在しない。

ここでの「個物が［……］神の属性に含まれている」とは、E2p8 の「個物ないし様態の形相的本質が神の属性の中に含まれている」ことと同じことを意味するように思われる。個物の形相的本質と神の属性との包含関係と、その個物の観念（＝対象的有）と神の無限な観念との包含関係とはパラレルである、というのが E2p8 の主張であった。E2p8c は、E2p8 で示された平行関係を否定的・制限的に語り直したものにすぎない。個物の形相的本質が神の属性のうちにしか存在しないならば、その観念ないし対象的有も神の無限な観念においてしか存在しない、と E2p8c は主張している。したがって E2p8 そのものには対象的有や対象的本質という語は現れないものの、個物とその観念との対比が含意されていると考えるべきであり、したがって個物の形相的本質とは対象的有との対比のもとで理解されるべきである。

また、近世において一般に「形相的」と言われるとき、必ずしもいわゆる質料形相論的な「形相」が含意されているとは限らない。現にスピノザの他の数々の用例においては、第四章で詳論し、また本章一・一でも確認したように、表象されるかぎりでのあり方を意味する「対象的」に対し、「形相的」は表象によって捉えられるかどうかにかかわらず、それ自体独立に、いわば現実にあるあり方を意味するものであった。それゆえ、そもそも「形相的」と「現働的」とは、仮に「現働的」をレルケと同様に解釈したならば、「側面」としてさえ区別する必要のない概念なのではないだろうか。実際にデカルトが「形相的事象性」を「現働的事象性」と言い換えていることに鑑みても、スピノザにおけるそれらを基本的に同義とみなすのは少なくとも不可能な解釈ではないように思われる。

さらに、『エチカ』における「形相的本質」の別の用例に目を向けるならば、レルケの提示する語義がそれらに必ずしも当てはまるわけではない。この句の用例はわずかに三つであるが、そのうちの一つであるE1p17sを見てみよう。

E1p17s　[……] もし知性が神の本性に属するとしたら、その知性は本性上、我々の知性のごとく、(大抵の人々が主張するように、) その対象があってあとからこれを認識したり、あるいはその対象と同時にあったりすることができないであろう。神は原因として万物に先立つからである (E1p16c1による)。むしろ反対に、真理

十全な観念は、私がアイスクリームを食べてしまったあとでは、もはや存在する対象を持たない。しかし、それが存在しないこと、そしてまたなぜ存在しないかの原因を含むことによって、存在しないアイスクリームの観念はやはり十全であることができるのである。cf. Lærke 2017, p. 31.

(14)　この解釈には明らかにドゥルーズの影響が見て取れる。

ならびに事物の形相的本質は、それが神の知性の中に対象的にその通りに存在するがゆえにこそそのようにあるのである。だから神の知性は、実際に事物の原因――事物の本質ならびに存在の原因――なのである。

実際にはスピノザは知性が神の本性に属するとは考えていないので、これは仮想的な語りが展開されている箇所である。ここでの「形相的本質」は、「神の知性の中に対象的にその通りに存在する」ことと相関的に書かれている。E2p7で平行論が成立する以前の箇所であるので、それほど定式的に書かれているわけではないが、「形相的に」すなわち現実に存在することと、「対象的に」すなわち知性のうちにあることとが対比的に・パラレルに表現されていることは疑いない。[15] このことに鑑みても、レルケの提示する「ものの内的構成関係」として「形相的本質」を理解する解釈には、それほど必然性があるように思えないのである。

以上の理由から、レルケのように「形相的本質」に形而上学的な「形相」や「本質」を読み込み、特殊な本質のあり方として解釈するべきではないように思われる。それでは、存在しない個物は一体どのように理解されるべきなのだろうか。

第二節　個物が「存在しない」とは何を意味するか

二・一　「時間において持続している」

私たちはここでもう一度テクストへと戻り、「存在しない個物」の「存在しない」という記述の意味を明らかにする必要がある。これを解く鍵は、後続のE2p8cに見出すことができる。

E2p8c　この帰結として次のことが出てくる。［A］個物がただ神の属性の中に包含されている限りにおいてのみ存在する間は、個物の対象的有すなわち個物の観念は神の無限な観念が存在する限りにおいてのみ存在する。［B］しかし個物が神の属性の中に包含されている限りにおいて存在するばかりでなく、さらにまた時間的に持続していると言われる限りにおいても存在すると言われるようになると、個物の観念もまた持続していると言われる存在を含むようになる。（傍線およびA、Bといった符号は引用者による）

前述のとおり、この系の前半部［A］で言われていることはE2p8の内容を否定的・制限的に語り直したものである。後半部［B］ではこれと対比的に、個物が「時間的に持続している」場合について語られる。ここでは単に「個物が神の属性の中に包含されている」ことに加え、時間において持続している場合が想定され、両者が対比的に語られている。したがって、「（単に）神の属性の中に（のみ）包含されている」、という事態、すなわちE2p8で「存在しない（non existentius）」と言われていた事態は、「時間において持続していない」という意味に理解することができる。

こうして私たちは、「存在しない個物」の意味を、系に現れる「神の属性のうちにのみ含まれる」こととかに残存しているのである。

(15)「形相的本質」ではなく「形相的原因」という用例も、『エチカ』ののちの重要な定理において用いられているので、ここで言及しておこう。E5p31では、「第三種の認識は、永遠である限りにおいての精神をその形相的原因とする」と言われ、その証明の最後では、「したがって精神は永遠である限りこの種の認識の妥当な原因（E3def1により）、すなわち形相的原因である」と言われる。ここでの「形相的」の意味を理解するために、第二章で整理したことを思い起こそう。デカルトにおいて、「形相的」には少なくとも、「質料形相論的な形相」「現実に存在する」「ぴったり一致して余剰がない」という三つの意味があった。このうち、E5p31にふさわしい意味は、「ぴったり一致して余剰がない」という意味であるように思われる。このように、デカルトの観念説において顕著であった「形相的」の多義性は、『エチカ』においても僅かに残存しているのである。

「時間において持続している」こととの区別を導入することによって特定することができる。[16] すなわち、「存在しない個物」とは、「時間において存在していない個物」を意味するということである。では次に、「時間において持続していない」とはどういうことか。

まず、スピノザにおいて「持続（duratio）」は「永遠性（aeternitas）」と対をなす概念であるということを押さえなければならない。というのも、持続と永遠にはそれぞれ単独では理解しづらい定義が与えられているからである。E2def5において持続は「存在の無限定な継続」と定義される。[17] 続くE2def5eでは、それがなぜ「無限定」と言われるのかについて、「存在の継続は決して存在する事物の本性自身によっては限定されることができないし、また同様にその作用因は事物の存在を必然的に定立するがこれを除去することはない」と説明される。要するに、事物ないし個物は自分自身の力によっては、存在を始めることも終えることもできないということである。これに対し、永遠性はE1def8において、「存在が永遠なるものの定義のみから必然的に出てくると考えられる限りでの、存在そのもの」として定義される。この奇妙な外観を持ったE1def8（永遠性の定義項として「永遠なるもの」が用いられることは端的に奇妙に映る）はさまざまに解釈されてきたが、私たちはその詳細には立ち入らない。[18] しかし少なくとも、永遠性が「定義のみから必然的に存在が出てくる」という事態と強く結びついていることは明らかである。ここから、持続が〈自身の存在を他に依存するもの〉に関わる概念であるのに対し、永遠性は〈それ自体の定義のみによって存在するもの〉に関わる概念である、という対比が取り出せる。

以上より、私たちは〈持続―永遠〉の区別のもと、「存在しない個物」を「時間において持続していない個物」の意味に理解する。[19]「存在しない個物」を「時間において持続していない個物」と捉える解釈は、レルケの解釈よりはるかにシンプルである。さらに、『エチカ』ののちの箇所、精神の永遠性が証明されるE5p23dのにおいて E2p8c が参照されていることも、持続と永遠の関係が焦点となっていることの傍証になっていると言えよう[20]。

二・二　神の産出の無限性の問題

レルケの解釈との対峙を通じて、神の産出の無限性と「存在しない個物」とは矛盾しないのか、という問題

（16）ゲルーの解釈も同路線で、E2p8 と E2p8c 前半とを同一視している。ただし後述するように、ゲルーの解釈のうち、持続において存在するかどうかの区別を〈実在―本質〉の区別と重ねて理解する点には私たちは反対である。cf. Gueroult 1974, pp. 94–95.

（17）さらに 2p45s では、「持続［……］すなわち、抽象的に考えられる（abstracte concipitur）限りの存在、いわば一種の量として（quaedam quantitatis species）考えられる限りの存在」と言われる。このことから、スピノザのいう「持続」とは、私たちが今日日常的に言うところの「時間」にあたるといってもよいだろう。こうした持続ないし時間は、決して実在的なものではなく、思惟のある様態として規定される。つまり持続、あるいはとりわけ時間は、永遠性を何らかの恣意的・主観的な尺度によって制限することで成立する概念的構築物である。たとえばメラメッドは、永遠性・持続・時間（aeternitas / duration / tempus）のうち、とりわけ時間を「人間の観点に合わせて測定され採用された、架空の、かつ非十全な時間性の構築物」だと説明している。Melamed 2013a, note34, p. 98.

（18）詳しくは Gueroult 1974, Moreau 1983, 秋保 2019 などを参照。

（19）私たちはこの点ではゲルーと軌を一にするが、〈存在―本質〉の区別のもと「本質としてのみ存在する個物」とする理解は斥ける。

（20）E5p23d:「神の中には、人間身体の本質を表現する概念ないし観念が必然的に与えられる（前定理より）。それゆえそうした概念ないし観念は必然的に、人間精神の本質に属する何かである（E2p13 より）。しかしわれわれが時間で定義可能な持続を精神に帰するのは、持続によって説明され時間で定義可能な身体の現実的な存在を精神が表現するただその限りにおいてでしかない。すなわち（E2p8c により）身体が持続しているのでなければ、われわれは人間精神に持続を帰さない。ところが、にもかかわらず、ある永遠なる必然性でもって神の本質そのものによって考えられるものは、やはり何かではある（前定理により）のだから、精神の本質に属するこの何かは、必然的に永遠なるものであるだろう」。

についての答えも浮かび上がってくる。

まず、スピノザにおいて、永遠においてのみ存在し、決して（一度も）時間的な持続をもたないような個物はありえないということに注意する必要がある。「時間的に持続していない個物」は「ある時点で」存在しないという意味に取らなくてはならない。つまり、ある本質を持った個物がどの時点においても時間的に持続しない、ということはありえないのである。なぜなら、個物の存在の作用因（causa efficiens）は個物の無限定な存在ないし無限定な持続を付与するのであり（E2def5e）、そして作用因を持たない個物はありえないからである。さらに、神が事物の存在の作用因であり（E2p26）、神の本性から必然的に無限に多くのものが無限の仕方で産出されねばならない（E1p16）ことを併せ考えれば、神はあらゆる事物の存在の作用因としてあらゆる事物に持続的存在を与えるのであり、そうでなければ神自身の本性の必然性に反することになる。[21][22]

したがって、スピノザにおける「存在しない個物」とは、可能態としてのみ存在する本質のことを指すのではなく、時間においてある一定期間は存在するが、ある特定の時点から見た場合に「今現在は（まだ・もはや）存在しない」ものを指す、と理解すべきである。そういったある特定の時点で存在しないものも永遠の相のもとでは存在する、というのが「存在しない個物が神の属性のうちに含まれる」ことの意味である。たとえば、ある人にとってのある時点から見て一年前に友人が亡くなっていたとする。この友人は主観的・恣意的な「今現在」においては時間のうちに持続していないが、永遠的なあり方をする神の属性（ここではほとんど神自身と同義である）にとっては、どの時点からどの時点まで持続したかにかかわらずその「存在」はつねに（こうした時間的表現は厳密には不適切だが）ある。[23] あるものがある時点で時間的に持続したこと自体は決して「無」にはなりえないのである。

以上より私たちは、「存在しない個物」は神の無限性と矛盾しないのかを明らかにした。すなわち、「存在しない個物」とは「時間において持続していない個物」を意味している。この「時間において持続していない個物」は、持続していることもしないこともできる可能的なものではなく、ある特定の時点では持続していることが必然的に決定づけられているという仕方で、この定理はスピノザにおける可能性の領域の排除と矛盾していない、と言うことができる。

第三節　「存在しない個物の観念」は偽なる観念か

残る問題は、E2p8およびその系がいかにして平行論と矛盾せずむしろ導出関係にあるのか、ということで

(21) ドン・ギャレットも同様の解釈を採用している。ギャレットはカーリーとワルスキが「穏健な必然主義」としてのスピノザ読解を提示したのに対し、「厳格な必然主義」を主張するためにE1p16に依拠している。ギャレットによれば、スピノザの必然主義の理説は次のように再構成される。(1) 無限な知性のうちに属するすべては現働的である (1p16, 1p30, 1p33s2)。(2) 可能的なすべてのものは無限知性のうちに属する (1def2, 1def6, 2p7)。(3) 可能的なすべてのものは現働的である ((1), (2) より)。Cf. Garrett 2018, p. 136.

(22) ここにおいて、「種の欠落」を認めるライプニッツと認めないスピノザとの対比を描き出したラヴジョイの分析は正鵠を射ているように思われる。彼によれば、ライプニッツをスピノザから分かつ特徴の一つが「共可能性」の着想である。ライプニッツにおいては、本質の世界と違って、具体的存在物の世界ではすべての組み合わせが可能なわけではない。それゆえ「種の欠落」(可能ではあるが現実には存在しない種) はライプニッツにとってはありえる事態となる。cf. ラヴジョイ 2013, pp. 264–266.

(23) スピノザにとって、「永遠」のほうがよりリアルな時間性であり、「持続」は「抽象的に考えられた abstracte concipitur」存在である (E2p45s)。この持続はまた、「一種の量として quaedam quantitatis species」考えられるものと言われることから (E2p45s)、私たちが今日日常的に言うところの「時間」にあたるといってもよいだろう。注 (17) も参照。

ある。私たちは前節の議論を踏まえ、E2p8全体「存在しない個物ないし様態の観念は、個物ないし様態の形相的本質が神の属性の中に含まれているのと同じように神の無限な観念の中に包含されていなければならない」（傍線は引用者）の内実を理解することから始めよう。

三・一　「存在しない個物の観念」の所在

まず、「形相的本質が神の属性の中に含まれている」とはどういうことか。前述のように、形相的本質とは「現実的にあるあり方」である。続くE2p8cでは「個物の観念」が「個物の対象的有」と言い換えられていることからも、〈形相的—対象的〉の対比の意味において、すなわち〈存在—思惟〉の対比における〈存在〉を担うものとして「形相的本質」を理解することの正当性が得られる。つまりここでは、〈存在〉の側で成り立っている事態は、〈思惟〉の側でも成り立っているはずだ、という平行論に基づく主張がなされているのである（二つの下線部を接続する「同じようにita ... ac~」はこの対応関係を示す）。E2p8dにおいて平行論の定理であるE2p7およびその備考が参照されていることの意味は、大枠としては以上のように理解される。

しかし、ここでの形相的本質すなわち〈存在〉のあり方は、「神の属性の中に含まれている（continentur）」と言われ、それに対応する観念も「神の無限な観念の中に包含されている（comprehendi）」と言われており、その内容は把握しづらいものである。そこで、「現実に存在する個物の観念」についての定理であるE2p9を参照し、そこから翻ってE2p8を理解しよう。E2p9では、「現実に存在する（actu existentis）個物の観念は、神が無限である限りにおいてではなく神が現実に存在する他の個物の観念に変状したと見られる限りにおいて神を原因とする」と言われる。ここで、「現実にactu」とは、中世以来、「今」という時間性を含意する語であることに注意しよう。クヌッティラによれば、スコラ哲学の様相理論においては、「座っている人は歩くことができる」という第一義的には偽であるような命題も、「別の時に」という修飾を加えるならば真でありうる。[24] つまり、可能性を「今はそうではないが、別の時にはそうでありうる」という意味で捉えていたということである。翻って、現実性は「まさに今そうである」ことを意味していることになるだろう。さて、こうした現実性の理解は、E2p9の用例においても適用されうるものであるように思われる。そうすると、E2p9における「現実に存在する個物」は、「今持続している個物」を意味することになる。つまり、E2p8とE2p9は、個物が「今は持続していない」場合と、「今持続している」場合をそれぞれ扱っているように思われるのである。

さて、現実に存在する、すなわち時間的に持続している個物の観念（cf. E2p9）であれ、時間的に持続していない個物の観念（cf. E2p8）であれ、それが思惟属性において見られた神を原因とすることに違いはない。ただし、前者があの観念あるいはこの観念に変状した神、すなわち時間的に持続している個別具体的な観念を近接原因として持つのに対し、後者はそういった変状を経由せず、神の無限な観念に直接的に依存する。[25] ここに

(24) cf. Knuuttila 1981, pp. 235–236. クヌッティラによれば、このような統計学的な様相理論は、「真正な可能性が永遠に実現されないままであることはあり得ない」といういわゆる「充満の原理」と関係している（Ibid., pp. 163–164）。このモデルは中世前期におけるアリストテレス解釈に由来するものだが、一四世紀にはスコトゥスによって可能世界意味論に近い様相理論が提出されることになるという。つまり、今座っている人は、「別の時に」立つこともできるのではなく、今同時に「別の可能世界で」立つことができるという説明モデルである（Ibid., pp. 236–237）。さて、スピノザがどちらの影響をより強く受けているかということが問題である。ここでこの問題に本格的に取り組むことはできないが、当時のオランダにはアリストテレス主義の強い影響が見られるということは考察の材料となるだろう（cf. Schuurman 2004, pp. 59–61）。たとえば、スピノザがスコラ的概念を学んだ源泉の最も有力なものの一つであるヘーレボールトやブルヘルスデイクはアリストテレスに親和的であったことが指摘されている（cf. van Bunge 2001, p. 49）。この問題については稿を改めて論じたい。

(25) ここに対比される二つのあり方は、いわゆる「直接無限様態」と「間接無限様態」との対比とも重ねられる。E1p23では、「必然的に神のある属性の絶対的本性から生起する」あり方と、「必然的にかつ無限に存在する一種の様態的変状に様

は、直接的原因と間接的原因の対比すら成立しない。というのも、「神の無限な観念（idea infinita Dei）」は単数形で表されているので、存在しない個物の観念は神の唯一の観念の中の一部として、ただ「含まれる（comprehendi）」からである。[26][27] したがって、時間的に持続している個物の観念の所在は個別具体的な諸観念の系列であり、他方で、時間的に持続していない個物の観念の所在は「神の無限な観念」なのである。

しかしこのとき、そういった単数形の「神の無限な観念」と、個別具体的な諸観念の系列とが、二つの異なる体系をなすと考えてはならない。個物への「変状（affectio）」を考慮に入れないかぎりでの神にとって、ただ一つの「神の（＝神自身を対象とする）無限な観念」しか存在しない。[28] しかしその（いわば数的に）同じ観念が、「変状」を考慮に入れるならば、個別具体的な何らかの思惟の諸様態による原因と結果の連鎖でもある。この点は、神ないし実体が唯一でありかつ無限の様態的変状をもつことと同じ論理によって支えられねばならないだろう。[29] もはや持続しなくなった個物の観念も、神の属性においては「ある」と言える。このとき、当の個物は必然的に永遠の相のもとで見られているのである。このことを持続と永遠性との二元論だと呼ぶならば、唯一の実体とその様態的諸変状との間にも「二元論」を認めざるを得なくなる。しかしそのような解釈が不可能であることは、どの解釈者も認めるところだろう。

さて、「存在しない個物ないし様態の観念」が、「神の無限な観念の中に包含されて」いるとはどのようなことかを、私たちは上に示した。しかしそれだけでなく、E2p8には「個物ないし様態の形相的本質が神の属性の中に含まれているのと同じように」という条件が課されていた。この条件がどのような意義をもつのかを、次に明らかにしよう。

三・二　平行論の体系におけるキマイラの観念

私たちは前節で、神の本性から必然的に無限に多くのものが無限の仕方で産出されねばならないことが主張されるE1p16を引きつつ、スピノザにおいては一度も現実化されないような個物はありえないと述べた。すなわち、「存在しない個物」は「ある時点から見て存在しない個物」でしかありえないということである。ここで、当然生じてくるであろう一つの疑問を取り上げておかねばならない。すなわち、一度も現実化されないような個物、たとえばキマイラの観念もありえるではないか、という疑問である。E2p8はキマイラのような虚構的なものについて、その「存在（existentia）」はないが「観念」だけがある、という状態について述べているのであり、それゆえやはり、平行論テーゼに真っ向から反しているではないか、と。しかし私たちは、E2p8

態化したある属性から生起する」あり方との二つが提示されるが、後者は「様態化」を媒介するという点で間接的である。書簡62では前者の直接無限様態の例として「神の無限な知性」（「神の無限な観念」とほぼ同義）が挙げられていることからも、E2p8の下線部（b）を「思惟属性の直接無限様態において存在する」という意味に解することは妥当であると言えよう。

(26)　つまり、諸様態は個物として、他の個物と区別されるが、属性の観点からは、同一属性の内で何らの区別も設けることができない。E2p8とE2p9との対比軸の一つには、このような属性と様態との対比がある。

(27)　観念の場合から翻って、形相的本質の場合も同様に理解することができる。すなわち、存在しない個物の形相的本質は、神の任意の属性（属性もまた、部分に分割されえないものである）の一部として、ただ「含まれる（continentur）」のである。

(28)　「神の無限な観念」は、「神が持つ観念」と解しても「神を対象とする観念」と解しても同じことである。神にかんしては、両者の外延は一致する。というのも、神はすべてを知っており、その「すべて」とは神そのものだからである。たとえば人間の場合、人間知性の有限性ゆえにその人自身を対象とする観念を正確にかつ漏らさず持つことができないため、「持つ観念」と「対象とする観念」の外延は一致しない。

(29)　ここでも私たちは、スピノザにおいてプラトン的な存在の二元論を見出す解釈を否定し、「側面的（aspectual）読解」を提唱するレルケと軌を一にしていると言えよう。ただし、私たちが提示するのは、レルケのような本質の二側面的解釈ではなく、単一な「神の無限な観念」と、諸観念の無限な連鎖との間の二側面的解釈である。

は虚構的なものについては述べていない、むしろそれを排除した上で展開されている定理であると考える。そこでもまた、「形相的本質」が読解の鍵を握っている。

前述のとおり、E2p8d は E2p7 に全面的に依拠しているが、E2p7 で提示される平行論の体系について第四章で見た内容を確認しておこう。そこでは、諸観念の因果連鎖の総体と、諸事物の因果連鎖の総体は、同型でありしかも同じ一つのものの二つの表れである、と言われる。E2p7c では、このことが神の二つの力能（思惟する力能と活動する力能）に即して語り直される。そこで現れるのが〈形相的―対象的〉の区別である。すでに述べたように、この区別は〈存在―思考〉の区別を意味する。

さて、このような E2p7 および系において語られる平行関係は、自然ないし世界全体のスケール、すなわち神のスケールで語られていることに注意しなければならない。『エチカ』第二部は人間の精神およびその対象となる身体が主題となるが、いきなり人間に論点を絞らず、世界全体の枠組みの構築から議論は始まる（初めて「人間」という語が定理本文に登場するのは E2p10 である）。それゆえ、上記のような「観念」と「その対象物」との完璧な一致・対応が成立するのは、あくまで神においてであり、人間が精神のうちで形成する「観念」と外的な「観念対象」とがいつでも一致するわけではないのである。神ないし世界そのものにおいてはその対象物と完璧に一致している各々の観念を、私たち人間はたいてい、ただ部分的にのみ所有する。それゆえスピノザにおいて偽なる観念は「欠損した観念」と呼ばれるのである。

キマイラの観念もまた「欠損した観念」である。もしそうではなく、むしろキマイラの観念は真なる観念より内容豊富な観念だと考える（たとえば、ペガサスの観念を馬の観念と翼の観念の総合とみなす）ならば、私たちが実際にキマイラの表象を持てること自体が平行論の教説と矛盾することになるだろう。しかしそうではなく、キマイラの観念は、あくまで私たちが本来一致しているはずの観念のうちごく一部しか所有できないことの結果なのである。それゆえ、キマイラは私たちの表象ないし想像力のうちにのみ場所を占めるが、欠損箇所が充填されることによって消滅するようなものであり、もともと神ないし世界のうちには居場所をもたない。言い換えれば、キマイラの「形相的本質」はありえないのである。

　例として、馬の観念とペガサスの観念について考えよう。ペガサスは馬と翼の複合物なので、ペガサスの観念は馬の観念よりも多くの内容を含んでいる、と思われるかもしれない。しかし実際は、ペガサスの観念を持つのは、実在する馬についての知識（野を駆ける動物である、翼を持っていない、翼を付けたとしても飛べるほど軽量でない、等）が欠けているからなのである。もしペガサスの観念を持っている人が、そうした正しい認識を獲得したならば、ペガサスの観念は消えるだろう。あるいは、もしその人が、ペガサスの観念と同時に「ペガサスは実在しない」という認識を併せ持っていたとしたら、ペガサスの観念そのものは消えないが、それは虚偽の観念ではなくなる。いずれにしろ、ペガサスのようなキマイラの観念が虚偽の観念であるのは、それが欠損を含んでいるからである。(30)

　さて、E2p8の「個物ないし様態の形相的本質が神の属性の中に含まれているのと同じように」という条件は、まさにこのキマイラの観念のような例を排除することにおいて効力を持つ。レルケは「形相的本質」が「存在」よりも「対象的有」と対比的であることを正しく見抜いていたものの、この句の意義そのものを見落としているように思われる。レルケはこの句で「同じように」と言われているのは、〈存在するものの形相的

(30)　TIE§54では、「神の本性を知る以上は、神の存在または非存在を虚構することができない。その本性が存在することと矛盾するキマイラについても同様のことが言いうる」と言われる。さらにその注では、「神が存在するということは第一かつ永遠の真理」であり、また「キマイラが存在しないということ」もまた「永遠の真理」と言われている。E2p49sも参照（ペガサスの観念だけを持っている場合には誤りだが、通常は別の観念も持っているので誤らない）。

本質の存在レベル〉と〈存在しないものの形相的本質の存在レベル〉との同等性のことだと解釈している（cf. Lærke 2017, p. 28.）。しかし本章1. 1. ですでに確認したように、E2p8において「同じように（ita ~ ac...）」で結ばれているのは、〈存在しない個物の形相的本質が神の属性に含まれている〉ことと〈存在しない個物の観念が神の無限な観念に含まれている〉ことである。それゆえ、存在する個物と存在しない個物との同等性の主張をここに見出すことは端的に不可能であろう。そうではなく、ある時点から見てすでにあるいはいまだ存在していない個物の場合も、それに対応する対象的有が神のうちには含まれているが、ただしその形相的本質が神のうちに居場所を持たないようなもの（キマイラなど）はその限りではない、ということがここで言われているのである。

しかし、「神の本性の必然性から生じる無限に多くのものを無限に多くの仕方で」産出するはずの神は、キマイラも産出できるはずではないか。このような疑問には、キマイラは「神の本性の必然性」からは生じ得ないということによって答えることができよう。『知性改善論』では、「本性上矛盾を含む」ものは「不可能なもの」と呼ばれていた。キマイラはこれにあたる存在である。スピノザの神は矛盾を含まない無限の「可能なもの」を産出するが、本性上矛盾を含むものを産出することはない。そして、「無限の仕方で」というのは「無秩序に」ということではなく、諸様態同士の産出関係・因果関係は「一定の仕方で」必然的に決まっている。この各々の「一定の仕方」を表現するものだけが様態ないし個物として産出されるのであり、この個物の現にあるあり方が「形相的本質」と言われ、それに対応した「対象的有」は必ずその形相的本質と一致する。この点において、形相的本質（ないし有）にせよ対象的有にせよ、ある種の規範性を帯びていることは認められよう。E2p8において、「形相的有」ではなくあえて「形相的本質」が用いられている理由もまた、ここから考えることができる。『エチカ』において両者はほぼ互換的に用いられているが、E2p8ではキマイラの観念のような例を排除するために、より規範的性質の強まる「本質」が選び取られているのではないだろうか。いずれにせよ、「形相的有」と「形相的本質」は、ニュアンスの違いこそあれ、おおむね同じ意味に理解してよい。

第四節　対象的有と観念の条件付きの互換性

以上の議論から、対象的有のもつある性格が浮かび上がってくる。まず、対象的有は、すでに見たE2p8cで「観念」と言い換えられていた。多くの先行研究において、対象的有と観念とは同一視されている、すなわち、無条件に互換可能なものだと捉えられている。しかし、『エチカ』において対象的有はカウンターパートとしての形相的有（ないし形相的本質）を常に必要とするものであり、したがって常に真の観念なのではないだろうか。そうだとすれば、「対象的有あるいは観念」という換言は、観念が真である場合にのみ成り立つ。この点について、モナコは注で以下のように言及する。

> もしすべての観念が対象的本質であり、対象的本質が必然的に真であるなら、もはや非十全で偽なる観念は存在しないことになってしまうだろう。［……］これが深刻な問題だとは私は思わない。［……］非十全性は有限な精神にとってのみ存在する。形相的・対象的という区別が神の精神に関わるかぎり、スピノザは真なる観念だけを念頭に置いている。（Monaco 2017, note 8, p. 93）

この見解は概ね正しい。たしかに、形相的・対象的の区別が神の精神に関わるかぎり、観念はつねに真である。

しかし、そもそも形相的・対象的という区別は、神の水準で語られる場合にしか使われていないように思われる。つまり、対象的有が人間の持つ観念を意味することはないように思われるのである。この観点から『エチカ』における「対象的有」ないし「対象的」の全用例を確認してみよう。この語の用例はわずか四箇所である。そのうち、E1p17s と E2p7c に関してはすでに見たが、前者では神の知性と存在する事物との対比において、後者では神の思惟する力能と活動する力能との対比において、「対象的に objective」という語が用いられていた。次に、E1p30d においては、「真の観念はその対象と一致しなければならない」ということが、「知性のうちに対象的に含まれているものは必然的に自然のうちに存在しなければならない」と言い換えられる。つまり、「知性のうちに対象的に含まれているもの」は、自然のうちに自らのカウンターパートを持つ。それゆえ「真の観念」だと言われているのである。ここでの「知性」が、容易に誤りうる人間知性ではなく、神の知性であることは明らかだろう。実際、この証明は以下のように続く。「ところが自然のうちには一つの実体しか、すなわち神しか存在しない」。最後の用例は E2p8c である。詳しい解釈は前節までに示したが、これが神の水準で語られていることを確認しておこう。E2p8c では、「神の属性に包含される個物」と「神の観念に包含される個物の対象的有」との対応が示されている。したがってこの系が神の水準にあることは明らかである。

このように、『エチカ』において「対象的有」や「対象的に」が用いられるのは神に関わる場合のみである。そこでは、観念はつねにその観念対象と一致しており、したがってつねに真である。観念が真でも偽でもありえるような場合には、「対象的」が使われることはない。そもそも、これらの語の用例は少ないが、その理由は『エチカ』という著作の（とりわけ第二部の）目的にあるように思われる。第二部冒頭では以下のように宣言される。

今や私は神すなわち永遠・無限な実有の本質から必然的に生起しなければならないことどもの説明に移る。しかしそのすべてについてではない。なぜなら、E1p16で証明したように、神の本質からは無限に多くのものが無限に多くの仕方で生起しなければならないからである。ここではただ、人間精神とその最高の幸福との認識へ、我々をいわば手をとって導きうるものだけにとどめる。

この宣言にしたがえば、人間精神の導きに資するものだけが第二部では扱われねばならないのであり、実際、E2p10以降の定理では人間精神にとっての観念や認識が主題となっている。しかし、「対象的有」は上記の理由から、そうした人間精神が持つ観念を説明するのに使うことができない。人間精神の持つ観念は、必ずしも真であるわけではなく、むしろたいていの場合は偽であるからだ。「対象的有」（あるいは「対象的に」）の用例の少なさは、以上の理由によるものと考えられる。

人間精神における観念に「対象的有」を適用しないという、こうしたスピノザの立場の固有性を明らかにするため、ここでふたたびデカルトとの比較を試みよう。本書第一部で見たように、デカルトは『省察』において、人間精神における観念の対象的側面について語っている。第三省察では、我々の持つ神についての観念の対象的事象性が、我々自身の大きさをはるかに超えた大きさを持っているということから、それを引き起こす神そのものの形相的事象性という原因へと遡ることで、神が我々自身の外に存在することが証明されている。そしてこの論証は、人間精神のうちにある観念を観察することから、外的事物の存在へと到達する契機となっていた。要するに、デカルトにおいて「対象的事象性」という語は、人間精神が持つ観念を論じるときに役割を果たしているのである。

ここにおいて、デカルトとスピノザとの違いは明白である。スピノザは上述のようなデカルトの論証を当然知っていたが（このことはPPCを見れば明らかだ）、『エチカ』においては人間精神の持つ観念には「対象的事象性」を適用しなかった。ただし、デカルトにおいても、上に見た例で問題になっているのは神についての観念、すなわち生得的で真なる観念であった。それでは、偽なる観念の対象的事象性に言及されることは、デカルトにおいてもないのだろうか。第三省察においては、神の観念だけでなく、熱や石といった卑近なものの観念についても、それが人間精神のうちに生じてくるためには何らかの原因を必要とすることが言われる。

そのうえまた、熱や石の観念が私のうちにあるためには、熱や石のうちにあると私が認めるのと少なくとも同じだけの事象性を持つ、ある原因によって私のうちに置かれるのでなければ不可能である。〔……〕ところでこの観念が他の対象的事象性よりも、あれやこれやの対象的事象性を含むということは、たしかにその観念自身が対象的事象性について含むのと少なくとも同じだけの事象性を、形相的事象性について含む、ある原因によるのでなくてはならない。というのは、もし観念の原因のうちにはなかった何ものかがその観念のうちに見出されるとすれば、それは無から得られることになる。だが、事物が観念を介して知性のうちに対象的にあるそのあり方は、どれほど不完全であっても、しかしまさしくまったくの無ではなく、したがって観念が無から生じるということはありえない。（AT, VII, 41）

ここで例に挙がっている熱の観念は、質料的虚偽を引き起こす観念として典型的に挙げられるものである（本書第二章で見たように）。石の観念についても、それが必ずしも偽であるとは言われないにせよ、少なくとも生得的な観念でも必然的に真なる観念でもないと言えよう。しかし、そうした不確定な観念についても、私たちにはそれが冷ではなく熱の観念であり、また花ではなく石の観念であると感じられるのであり、そのためにはそれなりの原因がある。つまり、生得的でも真でもない観念も対象的事象性を含んでおり、それゆえその原因としての形相的事象性へ遡ることもできるのである。デカルトがここで述べているのはこのことである。

『知性改善論』を執筆した時点では、スピノザもまたデカルトと同様に、「対象的」という語を人間精神の持つ観念を記述するために用いていた。

> §91　［……］そして我々は、［……］それら［諸観念］を連結し、秩序づけ、もって我々の精神ができる限り自然の形相性をその全体に関してもその部分に関しても対象的に再現するように努めるだろう。

ここでは、我々人間精神のはたらきが「対象的に［自然を］再現する」と表現されている。ここにおいて『知性改善論』の「対象的」の用法はデカルトと共通点を持つ。他方で、対象的に表象された内容から出発して、その原因としての形相的な事物へと遡るというデカルト的な推論はここでは行われていない。むしろ、「自然の形相性」が先にあり、私たちの精神がそれを忠実に再現するよう努める、という順序になっている。このことは以下の引用に、より顕著に表れている。

> §42　なおまた終わりに述べたこと、すなわち、観念はまったくその形相的本質と一致すべきものであるということから、さらに、我々の精神が自然のすがたの忠実な再現であるためには、すべてのその観念を、全自然の根源と源泉とを再現する観念から導き出して、この観念がまた他の諸観念の源泉となるようにしなければならないことが明らかである。

つまり『知性改善論』の時点でスピノザは、観念がその観念対象である形相的本質と一致すべきだと考えていたのである。この点において、すでにデカルトに対してスピノザが独自性を示している。第三省察における神の実在の証明において、観念対象である神そのものの形相的事象性は神の観念に含まれる対象的事象性と少なくとも同等あるいはより大きくなければならない、と考えていたことを思い起こそう。この論証においては、観念と観念対象とが少なくとも事象性のレベルにおいて「一致」する必要はない[31]。これに対し、スピノザは先の引用に見られるように、初期思想においてすでに対象的側面と形相的側面との「一致」を目指していた。こうした思想は、すでに確認したように、『エチカ』においてより強固に主張されることになる。

以上より、『エチカ』における「対象的有」や「対象的に」の用法の内実が明らかになった。すなわち、「対象的有」や「対象的に」が用いられるのは神に関わる場合のみ、すなわち、観念がその観念対象と一致しており、したがって真である場合のみである。この点において人間精神の持つ不完全な観念の対象的事象性についても語っているデカルトとは対照的である。スピノザにとっては、偽なる観念の対象的有はありえない。『エチカ』において対象的有は形相的本質と必ず一致しなければならないからである（そうした「一致」への志向は、デカルトの影響がより色濃く残る『知性改善論』においてもすでに萌芽的に示されていた）。スピノザにとって、もし何らかの個物が形相的に存在しないなら、それは対象的にも存在し得ない。神において形相的に存在する事物と完璧に対応する対象的有がまずあり、その欠損した状態として、たとえば「200フィート先にある太陽」などの虚偽の観念がある。したがって、人間精神による不完全な認識を説明するのに対象的有という語を用いることはできないのである。

小括

以上の議論により、私たちは冒頭に提示した三つの課題に答えた。すなわち、（一）E2p8における「存在しない個物」とは、ある時点において時間的に持続していない個物のことである。（二）そしてすべての個物は、ある特定の時点では時間において持続することが必然的に決定づけられているので、この定理はスピノザにおける可能性の領域の排除と矛盾しない。（三）E2p8dで参照されるE2p7の平行論は神ないし世界全体において成立するものであり、さらにE2p8における「存在しない個物の観念」がキマイラの表象を指示するものではないので、E2p8は平行論と矛盾せず、むしろ平行論の、とりわけ形相的本質と対象的有との平行論の枠組みにおいてこそ理解されうる。

また、以上の議論から、一般的には端的に同じものの言い換えだと捉えられてきた「対象的有」と「観念」との関係について、次のことが明らかになった。すなわち、E2p8cにおける事物の「対象的有」と観念との言い換えは、観念が真である場合にのみ成立するものであり、私たち人間精神の持つ不完全な観念に適用されることはないということである。

しかし、だからといって、対象的有が人間精神による認識の説明にまったく不要であるというわけではない。第四章で見たように、体系の側で形相的有と対象的有との「一致」が成り立っているからこそ、そもそも思惟と思惟対象との認識論的な関係づけが可能になる。だが、このような「一致」の体系の中にあって、私たち人間精神の持つ不完全な観念はいかにして説明されうるのだろうか。また、生来不完全なものである人間の

（31）このことは、デカルトの「優勝的 eminenter」という言葉遣いにも表れている。デカルトにおいては、観念の対象的事象性と観念対象の形相的事象性との間にも、原因は結果よりも必ず大きいという因果の一般的公理が適用される。したがって、原因である観念対象の形相的事象性は、結果である観念の対象的事象性の大きさを「形相的、あるいは優勝的」に含む。これによって、結果から原因へと進む神の存在証明が可能になる。この「優勝的」という語は、『エチカ』において一度も用いられることはない。

認識が、神の知性の完全性には決して到れないとしても、それでも少しでも私たちの認識を改良してゆくことはできるのだろうか。こうした問題については次章で論じよう。

第八章　『エチカ』における虚偽の観念と方法論の問題

第二部までの議論では、E2p5からE2p7までにおいて平行論が成立するまでの理路を辿り、第三部第七章では、E2p8, 9に着目し、全体として成り立っている平行関係が個物に適用された場合の、個物と観念との個別的な対応関係を見た。そこでは、「存在しない個物」に関してさえ、その観念との一致が成り立っており、それゆえその観念は虚偽の観念ではないことを明らかにした。しかし、そうだとすれば、『エチカ』において虚偽はいかにして生じてくるのだろうか。私たちの経験は、現に、私たちが容易に誤った観念を形成しうることを伝えているのである。第四章では保留にされていたこの論点に取り組むのが、本章の課題である。

『エチカ』において定理の本文に「人間」という語が初めて登場するのは、私たちが前章までに見てきた諸定理に続くE2p10である。すでに述べたように、『エチカ』第二部の目的は人間精神を「人間精神およびその最高の幸福の認識へと」導くことにある。本章では、E2p10以降に展開される人間の認識についての議論を見ていくが、ここで着目されるべきは虚偽の問題である。すでに指摘したように、平行論の体系においては事物と観念とはつねに一致しており、したがって虚偽の観念が生じる余地はないように思われる。しかしスピノザは、虚偽の観念の存在をある仕方で認めている。厳密な平行論の体系において、虚偽の観念はどのような仕方で可能になるのだろうか。本章では、虚偽の観念の内実を明らかにすることで、不完全な人間的認識に固有の事情に迫っていこう。

第一節　議論の前提——人間精神と観念との関係

本書はこれまで、存在論的な問題関心にしたがい、観念の思惟様態としてのあり方に重心を置きつつ議論してきた。しかし、スピノザ自身の提示する観念の「定義」は、実はそのような存在論的ステータスを示すものにはなっていない。ここで、スピノザの観念説の内実を明らかにすることを標榜する本書が、これまで観念の「定義」を主題的には扱ってこなかったことについて言及しておかなければならないだろう。その理由は、第六章冒頭で簡単に触れておいたように、スピノザによる観念の定義が、人間精神の能動性を強調するという特殊な目的のもとにある狭い定義だからである。スピノザは、より本来的な観念の規定、すなわち観念は思惟の第一の様態であるという点にまずは立脚してきた。それゆえ本書は、前章までに平行論の体系、およびその中での個物と観念との関係を明らかにしてきた私たちは、本章において一種の個物としての人間にようやく焦点を当てることができるのである。

それでは、観念の定義であるE2def3をもう一度見てみよう。

E2def3　観念とは、精神が思惟する事物であるがゆえに形成する精神の概念（conceptus）のことと解する。

上述のように、この定義は問題含みのものであることが知られている。結論を先取りすることになるが、E2def3の一見したところの奇妙さは、『エチカ』第二部全体を貫く企図そのものに由来するものである。以下、本節では、この定義の奇妙さを解きほぐすことを通じて、本章で人間の認識を論じるための前提を確認しておこう。

さて、この定義の問題点は二つ指摘されうるが、それらはどちらもこの定義に「精神（mens）」という語が用いられていることに起因する。一つ目の問題は、「観念」と「精神」との循環の問題である。というのも、E2p11やE2p13では、精神が「現実に存在する個物の観念」あるいは「身体を対象とする観念」として規定されているからである。一方では観念を定義するのに精神という語が用いられ、他方では精神の内実や規定が観念という語によって明かされており、端的に循環している。二つ目の問題は、定義の「狭さ」にある。ゲルーは次のように言う。「それ［E2def3］は［人間］精神が持つ観念を定義しており、［人間］精神であるところの観念も、神が神自身や事物について持つ観念も定義していない」（Gueroult 1974, p. 26）。『エチカ』の体系において、「観念」は人間精神に関係しようがしまいが、あらゆる事物に対して存在するものである。それにも関わらず、E2def3においては、観念は「観念」一般ではなく、人間精神が形成するものとしてしか定義されていないのは、たしかに奇妙に思える。以下では、以上の二つの問題を手がかりに、人間精神と観念との関係を整理しておこう。

（一）観念と精神との循環の問題について。結論から言えば、この循環はスピノザの過失というよりも、不可避で必然的な帰結に思われる。というのも、『エチカ』において精神と観念とは数的に同一のものを指しているからである。スピノザにとって精神とは、観念に一定の限定を加えたものにすぎない。E2p11dによれば、あらゆる思惟様態の中で観念は「本性上さき（natura prior est）」である。たとえば「愛・欲望のような思惟の様態、その他すべて感情の名で呼ばれるもの」は、「愛され・望まれなどする事物の観念が存在しなくては存在しない」（E2ax3）。他方で観念そのものは、「他の思惟の様態が存在しなくとも存在することができる」（同上）。このように、観念はその他の思惟様態に依存せず存在している。また、意志や知性といった通常は能力とみなされるものは、『エチカ』においては観念に還元されてしまう。スピノザは「すべての意志作用は観念そのものにほかならない」と言う（E2p49d）。この点は第六章において詳述したところである。また「意志と知性とは同一」（E2p49c）なので、意志も知性も観念そのものと別に存在するわけではないのである。このように、あらゆる思惟様態はまず第一義には観念であり、感情や意志や知性は何らかの特殊な性格を持った派生的な観念として位置付けられる。

さて、以上を踏まえて、E2def3の惹起する精神と観念との循環の問題に戻ろう。観念一般に何らかの限定を加えたものが精神だとすると、E2p11, E2p13において精神を規定するのに観念が用いられていたことには何の疑問も生じえない。しかし反対に、E2def3において観念を定義するのに精神が用いられていることは、いっそう不自然なことに思える。この疑問は、二つ目の問題へと持ち越されねばならない。

（二）観念の定義の「狭さ」について。[1]『エチカ』の体系において、「観念」は人間精神に関係しようがしまいが、あらゆる事物について存在するものであるにも関わらず、E2def3は「観念」一般ではなくて、人間精神が形成するかぎりでの「観念」としてしか定義されていないのはたしかに奇妙に思える。しかしこの定義の狭さは、『エチカ』第二部の、ひいては著作全体の目的に照らして理解されなければならない。第二部冒頭の短い序言にあたる文章を、繰り返しになるが見ておこう。

今や私は神すなわち永遠・無限な実有の本質から必然的に生起しなければならないことどもの説明に移る。しかしそのすべてについてではない。なぜなら、E1p16で証明したように、神の本質からは無限に多くのものが無限に多くの仕方で生起しなければならないからである。ここではただ、人間精神およびその最高の幸福の認識へ、我々をいわば手をとって導きうるものだけにとどめる。

『エチカ』という著作の目的が「人間精神およびその最高の幸福の認識」に置かれているという意味で、やはり人間は特権的地位を与えられている。ただし、その特権性とはスピノザの体系にとって自明のものではなく、著作の目的に即した恣意的なものでしかない。わざわざ上記引用のような断り書きが必要となるのは、人間が本来、神から産出される無限の諸様態の一つでしかないからである。スピノザが「人間」を出発点としていないことは、第二部の諸定理および証明の順序からも確認することができる。すでに指摘したように、『エチカ』ではまずE2p5, 6, 7で体系全体の平行論が成立したのち、E2p8, E2p9で個物とその観念との間の個別的な関係へと適用され、そしてその後にようやく特殊な個物としての人間に焦点が絞られる。定理において「人間」が登場する最初の例が、E2p10「人間の本質に実体の有は属さない」なのである。

以上のような、『エチカ』第二部における人間（ないし人間精神）の焦点化という文脈から、E2def3の狭さも理解可能なものとなる。観念そのものは上述のように多様な規定を受け入れるものであるが、スピノザはその中から特定の規定を恣意的に選び取って「定義」としている。スピノザの意図をより理解するために、E2def3のあとに付された「説明」を見てみよう。

私は知覚（perceptio）というよりもむしろ概念と言う。その理由は知覚という言葉は精神が対象から働きを受けることを示すように見えるが、概念はこれに反して精神の能動を表現するように見えるからである。

ここでは、ゲルーの以下のような注釈が的を射ているように思われる。「そこでは、われわれが諸観念を、対象によってわれわれの中に生み出される受動としてではなく能動として捉えると言う仕方で、われわれの形成する観念に関係する先入見を排除することが重要なのだ」（Gueroult 1974, p. 28）。E2def3が観念の「表象する（repraesentare）」機能——それは受動性を想起させる——にまったく言及していないことも、同様の理由によって説明されうる。本論第二部で明らかにしたことに鑑みて、観念の対象的側面よりも形相的側面がここで重視されていると言ってもよいだろう。E2def3において精神が形成するものとして観念が定義されている、ということは、以上のような特定の意図によるものとして理解されなければならない。

（1）　この定義2の狭さについてはしばしば指摘されてきた。cf. Rentz 2011, p. 105.

このように、E2def3によって観念と精神とは、入り組んだ関係のもとに置かれるように見えるが、本来的には観念は精神を含む他の思惟様態に先行するものである。つまり、人間精神が観念なしに存在することはありえないが、観念が人間精神なしに存在することは起こりうる。その上でなお、「精神が形成する概念」が観念の定義として選び取られたのは、人間精神の受動性を強調する理解をあらかじめ斥け、能動性を強調するという目的のためにほかならない。

第二節　楽観的認識論？

以上のような特定の視点からの人間の特権性や観念の定義を前提に、人間の認識について見ていこう。E2p10では人間が必然的・永遠的存在を含まないことが示されたが、続くE2p11以降では何が言われるだろうか。E2p11～E2p13で言われることは、まとめるならば以下の二点である。（一）人間精神とは人間身体を対象とする観念であるということ。（二）人間精神は人間身体のうちに生じることがら全てを認識するということ。

（一）E2p11では、「人間精神の現実的有を構成する最初のものは、現実に存在するある個物の観念に他ならない」と言われる。証明は三つの要素から成る。第一に、人間精神は思惟属性に属する様態であり、前節に見たように、すべての思惟様態はまず観念である。よって精神は観念である。第二に、精神が「現実的有」すなわち現前する何らかの存在者であるからには、精神は現実に存在しないものの観念ではなく、現実に存在するものの観念でなくてはならない。第三に、人間は必然的な存在を含まないので、必然的存在を含むもの、すなわち無限なものの観念でもない。このようにして、人間精神は「現実に存在するある個物の観念」であることが証明される。その上で、E2p13によって、これが「人間身体の観念」であることが示される。証明は、究極的にはE2ax4、すなわち私たち人間は実際に身体が刺激されるのを感じる（sentimus）、という経験に基づいた公理に根拠づけられる。スピノザの経験主義的な側面としてしばしば指摘される箇所である。(2)

（二）以上の二つの定理からなされる（一）の主張は、まさに私たちの経験に合致するところでもあり、疑いなく受け入れられるもののように思われる。問題は次である。E2p12は次のように言う。「人間精神を構成する観念の対象の中に起こるすべてのことは、人間精神によって知覚されなければならない」。先に見たように、「人間精神を構成する観念の対象」は人間身体なので、精神は身体のうちに生じるすべてを知覚する、とこの定理は言っていることになる。

これらの定理は、人間精神による知覚（この時代には感覚知覚というより知性認識に近い意味である）を主題とする。しかし、特にE2p12で主張されていることは、私たちの現実の経験に即していないように思われる。たしかに、大抵の場合、右頬を殴られれば「右頬を殴られた」と認識するだろう。しかし、眠っている間に蚊に刺されても気がつかない、喉が渇いていることに気がつかず熱中症になる、といったことは容易に起こりうる。人間身体に起こっているすべてを知覚できる、というのは、いささか楽観的すぎるのではないか。

スピノザはこの現実と乖離しているようにも見える定理を、次のように証明している。

E2p12d　なぜなら、おのおのの観念の対象の中に起こるすべてのことは、神がその対象の観念に変状したと見られる限りにおいて必然的に神の中にその認識がある（E2p9cより）、言い換えれば（E2p11より）神がある事

（2）E.g. Bennett 1984, p. 23. またペルラーも、この公理は「個人的経験にのみ訴えかけるものであるように見える」と述べている。Cf. Perler 2013, p. 232.

物の精神を構成する限りにおいて、必然的に神の中にその認識がある。ゆえに人間精神を構成する観念の対象の中に起こるすべてのことは、神が人間精神の本性を構成している限りにおいて必然的に神の中にその認識が存在する。言いかえれば（E2p11cより）そのものについての認識は必然的に精神の中に存在するであろう。すなわち、精神はそれを知覚する。

任意の対象のうちに起こることには、必ずその対象の観念が対応する。その根拠となるE2p9cの証明を見ると、E2p7のいわゆる平行論テーゼ（「観念の順序および連結は事物の順序および連結と同一である」）が参照されている。前章で扱ったE2p8やE2p9と同様に、E2p9cは、系列全体の平行関係が個物のレベルに適用される局面である。つまり、任意の個物に対するその個物の観念の対応は、思惟属性内の系列と、その観念対象となる属性内の系列との全体的な一致が成り立っていることに根拠を持つ。

〈系列全体の平行関係が個物のレベルに適用される〉とは、具体的にどういうことか。この適用が思惟属性において論じられるのが、E2p9cである。

E2p9c　各々の観念の個々の対象の中に起こるすべてのことは、神がまさにその対象の観念を持つ限りにおいてのみ神のうちにその認識がある。

ここでは、個物の中に起こることはすべて、神によって認識されるということが言われている。重要なのは、ここでの神は系列全体ないし自然全体と同一視される神ではなく、「まさにその対象の観念を持つ限り」での神であるということだ。この限定された神と全体としての神との関係を理解することは容易ではない。というのも、このことは個体論の問題になるからだ。『エチカ』の体系において、個物すなわち様態は、絶対的な個体性を持つわけではない。そこでは、何を、そしてどこまでを個物と見なすかが問題となる。しかし、スピノザは明示的な基準を示していない。個物ないし様態とは結局のところ何であるか、という問いをめぐっては、部分であるとか、述語であるとか、特質であるとか、様々に解釈されているが、ここでは詳しく立ち入らない。(3) ここでは差し当たり、「まさにその対象の観念を持つ限り」での神の内実を理解することは少なくとも人間精神にとって困難な課題であることを指摘しておこう。その上でなお、〈対象の観念を持つ限りでの神の認識〉が、〈その対象の中に起こるすべてのこと〉と一致することは疑いない。結局のところ、E2p9c で言われている事態は、無限な思惟属性の系列全体において成り立っている一致ないし平行関係が、任意の対象の観念においても成り立つ、ということにすぎない。ただし、「対象」の範囲は自明ではなく、流動的ですらありえる。「対象の観念」と神とのこうした微妙な関係を表しているのが、E2p12d における「神がその対象の観念に変状したと見られる限りにおいて」という文言なのである。

さて、この時点で E2p12 の証明はほとんど済んでいる。というのも、残された過程は、以上に言われた任意の対象一般についての主張を、「人間精神を構成する観念の対象」、すなわち人間身体という特殊な対象に適

(3)　メラメッドによれば、実体と様態は全体と部分との関係にはない。対象もその対象の観念も、『エチカ』において個物ないし様態と位置付けられるものである。しかし、実体と様態との関係はまさに解釈上の争点である。たとえばカーリーは、実体と様態との関係を原因と結果との関係として理解している（Curley 1968, p. 19）。これに対し、メラメッドは実体と様態との関係は単なる因果関係にとどまるものではなく、多層的な記述を許すものだと主張している。つまり、メラメッドによれば有限な様態は、無限な実体にとってまずは内属するものであり、同時に神に述語づけられる特質でもある（Melamed 2013a, p. 52）。そして、内在原因が内属と作用因とを結び付けているがゆえに、実体と様態との関係は因果関係とも言われうる（Ibid., p. 82）。このように、メラメッドは実体と様態との関係にとって因果関係であることは二次的であると捉えているように思われる。

用するだけだからである。こうして、神の延長属性のうち、個別的な「この身体」として切り出された一部分のうちに起こることのすべてが、神の思惟属性のうち、「この身体の観念」すなわち「この精神」として切り出された一部分のうちに表象され・知覚されることになる。

スピノザがこの証明で行っていることは、思惟属性内の系列とその観念対象である属性内の系列との全体的な一致・対応を、単に特定の範囲に限定したにすぎない。E2p10で「人間」がたしかに導入されはしたが、この段階での人間はまだ神の変状の一つとしてのみ考えられており、人間の認識に固有の事情は考慮に入れられていない。無条件の身体認識という、一見楽観的なE2p12の主張は、人間の原理ではなく神の原理に、すなわち系列全体同士があらかじめ一致する平行論に基づいてなされているのである。

第三節　虚偽の契機——「表象」の導入

しかし、すでに述べたように、このような無条件の身体認識は私たちの経験にそぐわない。E2p12に言われるとおりに人間精神が人間身体に起こるすべてを本当に認識しているのだとしても、私たちはそれを実感できていない。反対に、私たちは現に虚偽や誤謬の感覚を持っている。なぜ、すべてが予め一致しているはずの体系においても虚偽ないし誤謬が発生するのだろうか。

『エチカ』における虚偽ないし誤謬の成立は、のちに詳述するように、E2p17における「表象像」すなわち「身体の変状」によって果たされる。私たちはまず、この「身体の変状（ないし刺激）」が初めて登場するE2ax4、およびこの概念によって心身が関係づけられるE2p13を確認することから始めよう。

E2ax4 我々はある物体が多様の仕方で刺激される（affici）のを感じる。

E2p13 人間精神を構成する観念の対象は身体である。あるいは現実に存在するある延長の様態である、そしてそれ以外の何ものでもない。

証明 ［A］なぜなら、もし身体が人間精神の対象でないとしたら身体の変状（affectio）の観念は（E2p9c により）神が我々の精神を構成する限りにおいて神のうちになく、神が他の事物の精神を構成する限りにおいて神のうちにあるであろう。言い換えれば（E2p11c より）、身体の変状の観念は我々の精神の中にはないであろう。ところが（E2ax4 より）我々は身体の変状の観念を有する。ゆえに人間精神を構成する観念の対象は身体であり、しかも（E2p11 により）現実に存在する身体である。［B］次にもし身体のほかにも精神の対象があるとすれば、およそ何らかの結果の生じないようなものは一つとして存在しないのであるから（E1p36 により）、その対象から生ずる何らかの結果についての観念が必然的に我々の精神の中に生じなければならない（E2p12 により）。ところが（E2ax5 より）何らそうした観念がない。ゆえに我々の精神の対象は存在する身体であって他の何ものでもない。Q.E.D.（符号は引用者による）

E2p13 の前半部［A］と後半部［B］の議論は、それぞれ三段論法を構成している。［A］では、人間精神の対象が人間身体でないとしたら、人間身体の変状の観念を精神が持つことはありえないことと（前件）、人間精神は実際に身体の変状の観念を持っていることから（後件）、人間精神を構成する観念の対象は身体であることが結論付けられる。次に、［B］では、人間精神の対象が身体以外にもあるとすれば、それについての観念も我々の精神のうちに生じなければならないことと（前件）、そうした他のものについての観念が精神のうちに見出されないことから（後件）、人間精神は身体以外のなにも対象としないことが結論付けられる。以上のように証明される E2p13 は、スピノザなりの心身合一の定理であると言えよう。もちろんそれは、デカルト的な実体的合一ほどの強固な合一ではないが、観念と観念対象との間の紐帯によって、人間精神と人間身体とは対応しているのである。そして、このことをサポートするのが経験的な公理であるE2ax4であるという点で、スピノザの心身合一説は経験主義的な側面を持っていると言えよう。

以上のE2p13の証明において、もう一点注意すべきは、人間精神は人間身体の観念を持っているわけではなく、人間身体の変状の観念を持っている、と言われている点である。のちにE2p24で言われるように、人間精神は人間身体そのものを直接認識することができない。人間精神が人間身体の観念ではなく、人間身体の変状の観念しか認識できないということは、私たちの認識のあり方に何をもたらすのか。

E2p14　人間精神はきわめて多くのものを知覚するのに適する。そしてこの適性は、その身体がより多くの仕方で影響されうる（disponi potest）にしたがってそれだけ大である。

証明　なぜなら人間身体は（要請3および6により）きわめて多くの仕方で外部の物体から刺激されるし、またきわめて多くの仕方で外部の物体を刺激するような状態にされる（disponitur）。ところが人間身体の中に起こるすべてのことを人間精神は知覚しなければならない（E2p12により）。ゆえに人間精神はきわめて多くのものを知覚するのに適し、そしてこの適性は〈人間身体の適性がより大なるにしたがってそれだけ大である〉。Q.E.D.

E2p13の心身合一を経て、『エチカ』の論証は明らかに新しい局面へと開かれている。すなわちそれは、E2p14のような、精神が「身体の変状」という対象を介して外界と関わるような局面である。これにより、E2p14で言われているように、人間身体は多様な外部の物体から刺激されることができ、人間精神はその多様な変状の観念を持つことが可能になるのである。このような、精神の積極的な能力を肯定するものに思われるE2p14

の主張は、人間精神の対象が人間身体の観念ではなく人間身体の変状の観念であることの一つの帰結である。そして、人間精神が多様な変状の観念を持つことができる、ということは、前節に見たE2p12の楽観的な「一致」の定理によって根拠づけられる。

しかし他方で、人間精神の対象が人間身体の観念ではなく人間身体の変状の観念であることは、もう一つの帰結をもたらす。それは人間精神において誤謬が成立する前提をなすという、私たちにとってネガティヴな帰結である。以下ではこの側面を見ていこう。

E2p13では心身合一が果たされ、E2p14では〈外部の物体による刺激〉という要素が導入された。これらを前提に導出されるのが、以下に示すE2p17cである。それは、前節に見たような、すべてが予め一致しているはずの『エチカ』の体系において、初めて明確な「ずれ」が現れる瞬間である。

> E2p17c　人間身体をかつて刺激した（affectum fuit）外部の物体がもはや存在しなくても、あるいはそれが現前しなくても、精神はそれをあたかも現前する（praesentia sint）かのように観想しうるであろう。

この系は二種類の事態を想起させる。一つは、外部の物体がもはや存在していないのに、精神はそれがいまだ存在しているかのように捉えてしまっているという事態である。たとえば、冷蔵庫にプリンがあると思っていたのに、冷蔵庫を開けてみるとすでに家族の誰かが食べてしまっていた、という場合。もう一つは、実際の物体が目の前にあるわけではないのに、あたかも目の前にあるかのように想像することができるという事態である。たとえば、梅干しのない食卓を見ながら、「ここに梅干しがあればなあ」と想像する場合。この場合、私たちは梅干しの想像によって唾液を分泌することすらある。この二種類の事態のどちらが想定されているかを確定させることはできない。それを確定するだけのテクスト的な材料は与えられていないように思われる。しかしどちらの場合においても、現実に起こっていることと、精神のうちに思い描かれていることとの間には不一致が生じている。すでに確認したように、スピノザにおいて真なる観念はその観念対象と一致していなければならないものであった（E1ax6）。そうだとすれば、ここにはすでに虚偽が生じているということになるのだろうか。

スピノザは、こうした疑問を先取りするかのように、続くE2p17sで次のように述べている。

E2p17s　なお、普通に用いられている言葉を保存するために、人間身体の変状――それらの観念が外部の物体を私たちに対して現前するかのように映し出す――を、事物の表象像（rerum imagines）と呼ぼう。ただし、それは事物の形状（figurae rerum）を再現しはしない（non referunt）のであるが。また、精神がこの仕方で物体を観想する（contemplatur）とき、精神が表象している（imaginari）、と私たちは言うだろう。

それから私はここに誤謬とは何であるかを示す手始めとして、次のことを注意したい。それは、精神の表象（mentis imaginationes）はそれ自体において見れば何の誤謬（error）も含んでいないということ、言い換えれば精神は事物を表象するからといってただちに誤りを犯しているのではなく、ただ精神が自己に現前するものとして表象する事物についてその存在を排除する観念を欠いていると見られる限りにおいてのみ誤りを犯しているのであるということである。

前半部でなされているのは、表象および表象像という語の導入である。まず、E2p17cでも言われていたような人間身体の刺激、すなわち人間身体の変状に、「表象像（imago）」という名が与えられる。しかし他方で、表象という事態には身体だけが関わるわけではない。「表象する（imaginor）」という語は、今度は精神のはたらきに用いられる。要するに、表象像は身体的な事象であるが、それに対応する観念が精神において形成されるとき、精神のこのはたらきは表象（imaginor/imaginatio）と呼ばれるのである。

以上を踏まえ、後半部では、この表象というはたらきは、それ自体では誤謬ではないということに注意が促される。精神は表象することによって誤りを犯すのではない。表象する事物が現実には存在していない、という付加的情報が欠けていることによって誤りを犯してしまうのである。これが、本論第四章第三節において「欠如の論理」と名指しておいたところのものである。すでに見たように、E2p17c で言われていることは観念と観念対象との間の不一致を含んでいるように見える。E2p17s でわざわざ表象それ自体に誤謬はないと指摘しているのは、そのためである。

表象それ自体が誤謬ではないという見解は、E2p35 でより定式化された形で言われている。

E2p35　虚偽［誤謬］とは非十全なあるいは毀損し、混乱した（mutilatae et confusae）観念が含む認識の欠如（privatio）に存する。

証明　観念の中には虚偽の形相を構成する積極的なものは何も存しない（E2p33 より）。しかし虚偽は絶対的な欠如には存し得ない（なぜなら、誤るとか錯誤するとか言われるものは精神であって身体などではないのだから）。だからといってそれは絶対的無知にも存しない。なぜなら、あることを知らないということと誤るということは別ものだからである。それゆえ虚偽とは事物の非十全な認識、あるいは非十全で混乱した観念が含む認識の欠如に存する。

この証明は主として、「毀損し、混乱した観念」がどのようなものかを説明することに向けられている。それは、「絶対的な欠如」でも「絶対的な無知」でもない。精神は何らかの観念は持っているし、それはたとえ僅かであるにせよ何らかの知識を含んでいる。つまり、虚偽は精神が観念をまったく持っていないこと（「知らないということ」）に起因するのではなく、不完全な仕方で観念を持ってしまっていること（「誤るということ」）に起因する。

Zigouras, J., "Spinoza and the Possibility of Error", 2007 は、以上のような虚偽の生じるメカニズムに明断な説明を与えている。ジグラスは、『エチカ』における観念について考える際には、二つの秩序を考慮に入れなければならないと主張する（Zigoulas 2007, p. 111）。一つは表象の秩序であり、もう一つは無限な知性の秩序である（Ibid., p. 112）。表象は真理ではなく、個々の身体に相関的な「現れ（appearance）」に過ぎない。そして誤謬とは、精神がそうした「現れ」の相関性を認識できず、対象の真なる普遍的な観念だとみなしてしまう、という素朴実在論に陥ることで生じるとジグラスは言う（Ibid., p. 112）。精神はしばしば、身体の変状の観念にすぎないものを、その変状をもたらした外的対象それ自体の観念だと判断してしまうのである。スピノザ自身の提示する例を見てみよう。

同様に、我々は太陽を見る時太陽が約二〇〇フィート我々から離れていると表象する。この誤謬はそうした表象自体の中には存せず、我々が太陽をそのように表象するにあたって太陽との真の距離ならびに我々の表象の原因を知らないことに存する。なぜなら、もしあとで我々が太陽は地球の直径の六〇〇倍以上も我々から離れていることを認識しても、我々はそれにも関わらずやはり太陽を近くにあるものとして表象するであろう。なぜなら、我々が太陽をこれほど近いものとして表象するのは、我々が太陽との真の距離を知らないからではなく、我々の身体の変状が、身体自身が太陽から刺激される限りにおいてのみ太陽の本質を含んでいるからである。

地球と太陽との正確な距離を知った後でも、太陽がたった二〇〇フィート先にあるように見えてしまうこと自体はやめられない。太陽の表象は、私たちの身体（ここではとりわけ太陽の像を結ぶ私たちの眼のメカニズム）に依存するからである。しかし、この表象像を表象像として捉えているかぎりは、誤謬は生じない。この表象像が私たちの身体のあり方に依存して作られたものである、ということを正しく差し引いて考えることができれば、表象作用はむしろ私たちの能力として積極的に認められるべきものなのである（cf. E2p17s）。

私たちはここまで、ジグラスの説明を手引きとして、具体的にいかにして人間精神が誤謬を犯すのかにかんするスピノザの見解を見てきた。これに加えて、ジグラスの考察は、平行論の体系と「虚偽」ないし「不一致」という事態がいかにして両立しうるのか、という疑問に対してもヒントを与えてくれるように思われる。ジグラスによれば、誤謬とは、精神が表象によって看取する「現れ」の相関性を認識できず、対象の真なる観念だとみなしてしまうことで生じる（Zigoulas 2007, p. 112）。このような場合にも、観念と観念対象との平行論的な「一致」は実は保たれていると言えるだろう。つまり、その場合、精神が対象の観念だと思い込んでいる「現れ」と実際の対象の観念との間には確かに「不一致」が生じているけれども、無限な知性の水準では、人間身体の特定の変状とその変状の観念との間に「一致」が成り立っているのである。このようにして、ジグラスの言う表象の秩序（個々の身体に相関的なもの）と知性の秩序（誰にとっても同一な無限知性）とは、矛盾なく共存することができる。

さて私たちは、E2p17c および E2p17s において導入される表象という事態に、私たちの認識とその認識対象との不一致の端緒を見出し、これが契機となって誤謬が生じることを見てきた。すなわち、表象像とは身体の変状である。そして、精神がこの「身体の変状」の観念にすぎないもの、すなわち「現れ」を、対象のあるがままを反映した観念だと思い込んでしまうことに、誤謬の原因はあるのである。それでは、私たちはなぜ、そのように思い込んでしまうのだろうか。このことについて考えるために、ここまで私たちが断りなく用いてきた「身体の変状」あるいは「刺激」という語に立ち返る必要がある。まず、この身体の変状がそもそもどのように導入されたものかを確認しよう。

E2p17　もし人間身体がある外部の物体の本性を含むような仕方で刺激されるならば、人間精神は、身体がこの外部の物体の存在あるいは現在を排除する刺激を受けるまでは、その物体を現実に存在するものとして、あるいは自己に現前するものとして、観想するであろう。

証明　明白である。なぜなら、人間身体がそのような仕方で刺激されている間は、人間精神は（E2p12により）身体のこの刺激を観想するであろう。言い換えれば、精神は（前定理により）現実に存在する刺激状態について、外部の物体の本性を含む観念を、言い換えれば外部の物体の本性の存在あるいは現在を排除せずにかえってこれを定立する観念を有するであろう。したがって精神は（E2p16c1より）、身体が外部の物体の存在あるいは現在を排除する刺激を受けるまでは、外部の物体を現実に存在するものとして、あるいは現前するものとして観想するであろう。Q.E.D.

「外部の物体の本性を含むような仕方で刺激される」こと自体は、一つ前のE2p16cにおいてすでに起こりうることとして提示されていた。外部の物体から刺激されることが、その刺激によって「外部の物体の存在」を認識するという事態に結びついていくのが、上述のE2p17である。証明ではまず、身体の変状の知覚が外部の物体の本性を含む知覚であることが示される。次に、外部の物体の本性を含むということは、より積極的に言えば、外部の物体の本性の存在・現在を定立するということだと言い換えられる。要するに、私たちの身体は、外部の物体からの刺激によって何らかの変化を被ると、その物体が「存在する」と考えるようになる、ということである。ここで言われていることは、私たちの身体および精神の、いわば傾向性である。私たちは身体が変状すると、その変状をもたらした外的原因について、「存在する」と思い込む傾向があるのだ。

このように、E2p17 の議論は、続く E2p17c, E2p17s において「ずれ」や表象像、誤謬が登場するための土台となる、私たち人間精神の傾向性を示しているのである。

第四節 虚偽の解体と方法論の不在

E2p17 における「外部の物体による変状」の導入を契機として、虚偽の観念、あるいは表象像が導入される。しかし、虚偽の観念には、実は何らの実在性も積極性もないということが、すぐに明かされることになる。いかなる観念であれ、神にかんしては真だからである。

E2p32 すべての観念は神に関係する限り真である。

証明 なぜなら、神の中にあるすべての観念は、その観念されたもの（ideatum）とまったく一致する（E2p7c により）。したがって（E1ax6 により）すべて真である。Q.E.D.

E2p33 観念の中にはそれを虚偽と言わしめるような積極的なものは何も存在しない。

証明 これを否定しようとする者は、もしできるなら、誤謬または虚偽の形相を構成するある積極的な思惟の様態が存在すると考えてみよ。この思惟の様態は神の中に在ることができない（前定理により）。それゆえ、観念の中には、それを虚偽と言わしめるような積極的なものは何も存在しえない。Q.E.D.

この二つの定理によって、せっかく導入された虚偽の観念は、神の水準で成り立つ平行論的一致のうちにふたたび融解してゆくように思われる。このように、スピノザにおいては、虚偽の観念は神の水準では何らの実在性も持たないものであるが、しかし、これで万事解決、ということにはならない。人間の水準では虚偽の観念は依然としてあるからである。前節で見たように、虚偽の観念がいかにして生じるかというメカニズムは説明されていた。しかし、虚偽の観念がいかにして生じるかだけでなく、虚偽の観念をいかにして排除しうるか、ということもまた示されねばならないのではないか。虚偽を避け、真理にいたる方法が示されてこそ、その理論を認識論と呼ぶことが許されるように思われる。とりわけ、同時代のデカルトをはじめとする哲学者たちの認識理論と比較するとき、こうした方法論の一見したところの欠如は、重大な瑕疵に見えてしまうのだ。(4)

スピノザにおける方法論の不在を際立たせるために、デカルトの認識論を見てみよう。すでに見たように、デカルトは第三省察において、私たちの精神のうちにある神の観念から出発して精神の外部に実際に神が存在することを証明した。続く第四省察の冒頭では、「いまや私には、そこにおいて知識と知恵の宝がすべて秘められている真なる神の観想を通して、その他のものの認識にいたるある道が見えている」(AT. VII, 53) と宣言される。ここで言われている「道」すなわち「方法」は、次のようなものである。第一に、神が私を欺くことがありえないこと、そして次に、私のうちに判断能力があるということが確認される。しかしこの判断能力は、神によって私のうちに備えられたものであり、「神が［……］本来それにあって然るべきある完全性を欠いた能力を私のうちに置いたということは、ありそうには思われない」(AT. VII, 55)。それでは私の誤謬はどこから生じるのか。それは「意志は知性よりもより広範囲に広がるので、私が意志を知性と同じ範囲内に限らないで、私が理解していないものにまで押し及ぼすという、ただこの一つのことから」生じるのである (AT. VII, 58)。このように、意志の不当な拡大にこそ誤謬の原因があるのだが、これに対する対処法は二通り示される。一つは、「事物の真理が明らかでない場合にはいつも判断を下すのを控えるべきことを想起する」という方法である（AT, VII, 61–62）。言いかえれば、知性の範囲を超えた対象については判断を保留する「習慣」を身につけなさい、ということである。こうした消極的な方法の他に、デカルトはもう一つ、積極的な方法も提示している。それが、「熟慮すべきすべてのものについての明証的な認識に依存する」道である。知性による真なる認識が先行している場合、「知性における大きな光から、意志における大きな傾向性が生じ」、正しい方向へ判断せざるをえなくなる。言いかえれば、意志が迷うことなく同意を与えられるだけの真なる認識を、知性が獲得できるようにするという方法である。そして、どちらがより正しいかを知らないがゆえにどちらにも同意を与えることができるという非決定（indifferens）の自由よりも、こちらのほうがより程度の高い自由なのである。このように二通りの方法を示した上で、デカルトは次の目標を宣言する。

> また私は今日、けっして誤らないためには何を避けるべきかを学んだだけでなく、同時にまた、真理に達するためには何をなすべきかをも学んだのである。すなわち、私が完全に理解しているすべてのものにのみ十分注意を向け、そしてこれを、私がより不分明でより不明瞭にしか把握していない他のものから切り離す（secerno）ならば、私はたしかに真理に達するはずである。今後はそのことに念入りに意を用いることにしよう。（AT, VII, 62）

ここで言われている「けっして誤らないためには何を避けるべきか」を学ぶことは、私たちが上に整理したところの消極的な道であり、「真理に達するためには何をなすべきか」を学ぶことは、積極的な道である。そし

（4）　レンツも同様の疑問を呈している。レンツは、スピノザは人間が原理的には経験についての真の知識を獲得しうる、と明確に論じているが、それだけでは十分ではないとしている。レンツによれば、より重要な問いは、どんな種類の認識論的な手段でそれを行えるようになるのか、というものである（Renz 2018, p. 224）。レンツはやはり、スピノザはこの方法を十分明確に提示してくれていないと指摘し、この問題を解く鍵を第三種の認識に見出そうとする。

てこの後者の道の具体的な内実こそ、「私が完全に理解しているすべてのものにのみ十分注意を向け、そしてこれを、私がより不分明でより不明瞭にしか把握していない他のものから切り離す」(傍点は引用者)ことなのである。

以上より、『省察』には私たち人間精神の陥る虚偽の原因の特定だけでなく、どのようにすれば虚偽を回避できるのかについても、明確な方法が示されていた。そしてその方法とは、消極的には「判断をしない」ということであり、積極的には、「真なる認識を獲得する」ことである。さらに、真なる認識を獲得するための方法として提示されるのが、明瞭な認識の不明瞭な認識からの「切り離し」なのである。さて、以上を踏まえて、スピノザに方法論があるかを考察しよう。少なくともデカルトのような、明瞭な認識を不明瞭な認識から、あるいは真なるものを偽なるものから切り分ける、あるいは選り分ける、という仕方での方法論は『エチカ』には見られない。そうではなくスピノザは、虚偽の認識などそもそも無いものであるかのように、虚偽を神の水準でのあらゆる観念と対象との一致のうちへと解消することで満足してしまっているように見える。デカルトは問題の解決へと向かっているのに対し、スピノザは問題を融解させ、無かったことにしているかのようだ。「人間精神およびその最高の幸福の認識」へと私たちを「導く」はずの『エチカ』第二部には、しかし、真なる認識へと向かういかなる方法も示されていないのだろうか。

第五節　スピノザの方法論

前節で述べたように、『エチカ』第二部に限定するなら、スピノザに真なる認識の獲得のための明確な方法論は見出されなかった。では、『エチカ』の他の箇所にはそうした方法論が見出されるだろうか。『エチカ』に方法論を見出そうとするとき、第五部前半の認知療法的な感情の乗り越えや、第五部後半の第三種の認識による神への知的愛の獲得などがすぐさま想起されるかもしれない。それらはいずれも、真なる認識に基づいた喜びの獲得の道だといえよう（e.g. E3p53, E5p15）。しかし、そもそもいかにして真なる認識が獲得されうるのか、ということはそこでは示されない。E2p40s2では、有名な第一種、第二種、第三種の認識の区別がなされるため、ここに真なる認識の獲得のための方法論が見出されることを読者は期待するかもしれない。しかし、それらの認識がどのようなものであるかは明かされていても、どうすればそれらの認識を得られるのかは、その後の諸定理を見ても明示的に書かれていない(5)。

しかし、明示的ではない仕方においてではあるが、『エチカ』にも真なる認識の獲得のための方法論を読み取ることができる。私たちはそのために、読解の範囲を第四部以降にまで拡大しなければならない。ただし、そこに至るすべての議論を詳細に検討することは本書の範囲を超えるので、ここでは素描にとどまることを断っておこう。

さて、私たちが着目するのはE4p38である。そこでは、「人間身体を多くの仕方で刺激されうるような状態にさせるもの、あるいは人間身体をして外部の物体を多くの仕方で刺激するのに適するようにさせるものは、人間にとって有益」であり、また反対に「身体のそうした適性を減少させるものは有害である」と言われる。つまり、身体の変状が多い方が人間にとって有益、すなわち「善」であるということである。では、なぜ身体の変状が多い方が善であるのか。E4p38の証明を見てみよう。

（5）サンジャコモもまた、「スピノザが理性に帰した重要性に鑑みれば、「共通概念」をそれほど詳しく説明していないのは驚くべきことだ」と指摘する（Sangiacomo 2018, p. 114）。

証明　身体がそうしたことにより適するようにされるに従って精神は知覚に対してそれだけ適するようになる（E2p14より）。したがって身体をこのような状態にしてそうしたことに適するようにさせるものは必然的に善すなわち有益である（E4p26およびE4p27より）。そしてそれは身体をそうしたことにより適するようにさせうるに従ってそれだけ有益である。また反対に（E2p14の裏ならびにE4p26およびE4p27より）身体のそうした適性を減少させるものは有害である。（傍線は引用者）

なぜ身体の変状が多い方が善であるのか。それは、そのほうが精神が知覚の能力をより発揮できるからである（傍線部）。では、なぜ精神が知覚の能力を発揮できることが「善いこと」だとされるのか。ここで参照されるのがE4p26である。そこではまず「我々が理性に基づいてなすすべての努力は認識することにのみ向けられる」と言われる。証明を見ると、この努力は自己保存の努力と結び付けられ（E3p7）、また努力は徳の第一かつ唯一の基礎である、というE4p22cも引かれている。また、善すなわち有益さについて確認しておくなら、それは個物の活動能力を増大させるものである（第四部序言を参照）。E4p26の証明の続きを見てみよう。「そして精神は、理性を用いる限り、認識に役立つものしか自己に有益であると判断しない」。なぜなら、理性の本性は明晰判明に認識することにあるからである（E2p40s2）。ここから、続くE4p27では以下のように言われる。「我々は、真に認識に役立つものあるいは我々の認識を妨害しうるもののみが、善あるいは悪であることを確知する」。

このように、E4p38では、精神の能力とは理性による明晰判明な認識にあり、かつ精神の能力ないし本質を増大するものこそ有益であり善であることから、精神に多くのものを認識させる身体の変状は人間にとって有益だ、と結論づけている。ここにおいて私たちは、ある方法論を読み取ることができる。それは、人間身体を多く変状させる、つまり、外部の物体から多くの刺激を受けることで、精神により多くのものを認識あるいは知覚させよう、という方法である。このことが、「新しい知識を獲得することがいかにして可能なのか」という問いに対する、『エチカ』における唯一の解答ではないだろうか。

『エチカ』の方法論を、先に見たデカルトのものと比較してみるならば、その差異は一目瞭然である。第四省察に示された一つめの道は、決して誤らないための判断差し控えの道であった。これに類する方法はスピノザには見られない。デカルトの提示する二つ目の道は、明瞭な認識を不明瞭な認識から選り分け、明瞭な認識へと精神を集中することによる、真なる認識の獲得の道であった。いわば、観念の純化と洗練の道である。スピノザの方法論はこれと逆の方向へ向かうように見える。精神が多くのものを知覚すればするほど、精神の能力は増大する。しかもそれは、身体の変状を介した自己および外界の認識であり、純粋に精神的なものでもない。この意味で、スピノザの方法論はデカルトのものと大きく異なっているのである。

さて、私たちは上に、『エチカ』に認識論はあるだろうか、あるいは、『エチカ』に真なる認識の獲得のための方法論はあるだろうか、と問うた。ある、というのが私たちの答えである。ただし、それはきわめて特殊な体系に基づいた、特殊な方法論であると言える。ここで、序論で紹介したシュールマンの提唱する「観念の論理学」の枠組みを思い起こそう。それは、①観念（とりわけ明晰判明な観念）、②人間の能力（感覚知覚や記憶）、③方法（合理主義にせよ経験主義にせよ）の三要素から成る認識論であった（Schuurman 2004, p. 2）。スピノザの認識論もまた、これらの要素は備えていると言えよう。しかしその認識論は、デカルトがそうであったような、明晰判明な観念に的を絞り、諸観念とは区別された知性的能力によってそれらを操作し、決して誤らないための方法に従って単線的に進んでいく、というタイプの認識論ではない。

スピノザの認識論においても、精神の能力は重要な要素となっているではないか、と言われるかもしれない。たとえばドゥルーズは次のように言う。「いい（自由である、思慮分別がある、強さがある）といわれるのは、できるかぎり自分の出会いを組織立て、みずからの本性と合うものと結び、みずからの構成関係がそれと結合可能な他の構成関係と組み合わさるよう努めることによって、自己の能力を増大させようとする人間だろう」(Deleuze 1981/2003, p. 35)。たしかに、スピノザの方法論とは、自己の能力を増大させるために、自分にとって善である他者と出会い・関わることであると言えるかもしれないし、そのように自分にとって善である他者と出会い関わるためには、それらを見分ける精神の能力が必須であろう。しかし、何が精神の能力を増大させるものであるか、精神の能力が増大する前に知ることはやはり困難と言わざるをえない。精神の認識能力が十分でない段階においては、精神の能力の増大のために資するものを見分けることもできないからだ。つまり、精神の能力を増大させるためには、精神の能力を増大させる必要がある、ということになる。

このような循環構造において、それでも精神の能力の増大に資するものと出会うためには、多様な変状の観念をある種総当たり的に獲得してゆくことは、一つの有効な方法ではないだろうか。身体の多様な変状の観念を（デカルトがそうしたように）排除するよりもむしろ積極的な出発点とし(6)、何が精神の能力を増大させてくれるものなのか、いわば事後的に知る。そうして知った善なる対象からいっそう多く刺激を受けることで、精神の能力はいっそう増大し、何が善なる対象かをますます良く認識できるようになる。このように、精神の能力の増大と真なる観念の獲得とは、『エチカ』の体系において、単線的にではなく螺旋状に向上してゆくしかない。『エチカ』に認識論的方法論を見出すとしたら、以上のようなものでしかありえないように思われる。そこでは私たちは、絶対的に確実な認識から出発することはできないが、代わりに、身体を持っている限り誰にでも実行可能な方法をすでに実践しているのだ。

かくしてスピノザの観念説は、その特殊な体系と特殊な方法論ゆえに、デカルト＝ロックの系譜を中心とする枠組みには決して還元されようもなかったのである。

（6）　身体活動が精神の能力の増大に資するかどうかをめぐるデカルトとスピノザの間の相違は、身体と精神との関係一般をめぐる両者の相違とも連関している。デカルトは『情念論』において、「精神において「受動」であるものは、一般に身体において「能動」である」と述べている（AT. xi, 328）。このような反比例関係は、具体的には次の機序によって起こると説明される。すなわち、精神は意志によって動物精気を動かして身体に運動を伝え、身体は動物精気を動かして精神に刻印（知覚）を伝えるが、それら両者の運動はしばしば対立し、強いほうが弱いほうの効果を妨げることがある、ということである（AT. xi, 365）。このように『情念論』において精神と身体は対立するのに対し、スピノザにおいては本章で述べたように、身体がより多く活動し変状することは精神の認識能力の増大に資する。この相違は、心身の実体的合一（この理説と動物精気による相互作用説をただちに同一視することはできないにせよ）と心身の平行関係という、両者の心身関係の捉え方の違いに根差したものと見ることもできよう。

結論

本書が明らかにしたことをまとめよう。第一部では、スピノザの観念説の出発点としてのデカルトの観念説の内実とその後の展開を、とりわけその二面性に着目して明らかにした。まず第一章では、観念の二面性のうち対象的事象性に着目し、それが第三省察の神の存在証明において重要な役割を果たしていることを確認した。次に第二章では、観念のもう一つの側面である形相的事象性の意義を考察した。この後者の側面は、従来ほとんど着目されてこなかったが、観念の純粋思惟性を担保するものとして一定の重要性を持っている。しかし、観念そのものの形相的事象性は原因から結果へと遡る推論においてほとんど活かされることはなく、その役割は補助的なものにとどまっていると言える。続く第三章では、前章までに明らかになったデカルトにおける観念の二側面が、その影響下にあったマルブランシュ、アルノー、ロック、そしてスピノザにおいてどのように理解され受容されたかを概観した。以上の議論によって、デカルトの観念説において二つの側面がそれぞれどのように機能しているかを明らかにし、そしてそれを継承した同時代の思想家たちとの比較を通じ、スピノザの観念説の特徴を〈デカルト的二面性の継承〉に見出したのが第一部である。

第二部では、デカルトの二面的な観念説をスピノザが受容し独自の体系へと練り上げていく具体相を、スピノザが特に重視している形相的側面に重心を置きつつ明らかにした。第四章では、『エチカ』における「形相的有」「対象的有」の用法を確認し、それが平行論という特殊な体系の成立において役割を果たしていること、また、スピノザはデカルトとは反対に、対象的有よりも形相的有に明示的に重要な役割を与えていたことを指摘した。次に、第五章では、この平行論という体系そのものに着目し、この独自の体系がどのように着想され展開されたのかを、スピノザの初期著作に遡りつつ探究した。そこでは、『エチカ』における平行論から析出される諸要素は、いくつかの初期著作においてすでに部分的に現れているが、諸属性間の因果的独立は、初期著作のいずれにも見出されない要素であり、したがって『エチカ』の平行論が成立するための最後のピースだと言えよう。こうした分析を踏まえ、第六章では、『エチカ』の平行論的体系のとりわけ因果的独立性は、観念説にどのような帰結をもたらすのかを明らかにした。そこで私たちは、ふたたびデカルトと比較しつつ、スピノザの観念説の特異性は観念を物体とまったく同程度に「事物」だと認めている点にあると結論付けた。形相的側面を重視する観念説はこうして、延長するものと思惟するものとを同じ意味で「存在」させ、また両者の間の価値的な優劣も均してしまう。このことは、存在論の領域におけるスピノザのひとつの革新性を示すものであると言えよう。

以上の第二部までにおいて、私たちはスピノザの観念説の特異性を、とりわけ存在論的な観点から明らかにしたが、認識論的な観点からの探求もなされねばならない。第三部では、スピノザにおいてはむしろ後景に退いているようにも見える、観念の「対象的有」としての側面に着目した。第七章では、「存在しない個物の観念」の存在論的身分を明らかにすることによって、E2p7 および E2p7c において成立した体系レベルでの平行関係が、その後いかにして個々の事物の水準へと適用されるのかが明らかになった。私たちはまた、この考察を通じ、観念と「対象的有」との言い換えがなされる際には、必ず「真なる」観念でなければならないという隠れた条件を指摘した。第八章では、前章までに明らかとなったことを踏まえ、そのようなあらかじめすべてが一致するはずの体系において、いかにして虚偽の観念は生じるのか、ひいては、そのような体系において真理到達の方法を含む「認識論」がいかにして可能かという問題に取り組んだ。私たちはこうした認識論的方法論の問題について、ふたたびデカルトと比較しつつ、スピノザにはデカルトとは異なる独自の方法論が見出せると結論づけた。

以上の議論によって本書が解明したのは、一七世紀の観念説の一断面にすぎない。しかし、一七世紀の観念説という特殊な問題系を一つの角度から照らし出すことは、少なくともできたのではないだろうか。本書が明らかにしたのは、スピノザは観念を単なる心の表象機能や記号と捉えてはおらず、存在論的体系における存在者として、つまりそれ自体で産出作用・因果作用を及ぼしうるものとして捉えている、ということである。このような観念説を、「観念の存在論」と呼ぶこともできよう。観念説が同時に存在論にも関わるということは、デカルトからスピノザへの系譜においてとりわけ顕著な、一七世紀の観念説の一つの特徴なのである。

　またここから、スピノザの形而上学一般のある特徴が浮かび上がってくる。まず、スピノザは明らかに、唯物論者ではない。ここでの「唯物論」は、「思惟や反省といった精神的要素を、最終的には脳における神経接続などの物質的運動に還元してしまう立場」を意味する[1]。セヴェラックが結論付けるように、「スピノザは、精神を身体の機能と同一視しない点において還元主義的唯物論者ではない」だろう（Sévérac 2019, p. 50）。セヴェラックはこの還元不可能性を、スピノザが物質と思惟の同等性（égalité）を主張している点を根拠に示している（Sévérac 2019, p. 45）。本書第六章での議論に引きつけて言うならば、スピノザにおいては観念も物体とまったく同程度に「事物」であるという意味で、従来の存在論的ヒエラルキーが解体され、均されてしまっているのである。

　しかし、現代のスピノザ解釈においても、また哲学史上も、スピノザはしばしば唯物論者だとみなされてきた。カーリーやベネットの解釈では、スピノザの体系から思惟や観念が疎外されることによって、存在論的唯

（1）この点について、モローは以下の二つの観点から、スピノザを唯物論として特徴づけることが可能だと述べる。すなわち、（a）諸属性間の平等性を保つことで、物体を精神と同等のものに格上げしている点、（b）思惟属性や精神も、延長や物体と同じく法則に従うものと捉え、厳密な科学の対象とみなす点である（モロー 2021, pp. 141–142）。セヴェラックはモローと概ねの方針においては一致するが、以下の三つの仕方で区別している。経験的唯物論、方法論的唯物論、存在論的唯物論である。cf. Sévérac 2019, p. 11.

物論の体系として解釈されていると言える。カーリーは観念を、世界の側で起こった出来事に対応する「命題」と読み替えることによって、観念の「事物」としての側面を捨象してしまうのである（Curley 1969, p. 122）。そこでは、思惟ないし観念は「世界」に含まれず、世界を外から眺めたり写しとったりする何か（単なる「機能」と呼ぶべきかもしれない）とみなされる。この〈体系から観念や思惟が疎外される〉仕方でのスピノザ解釈は、フィヒテやシェリングの解釈にも共通する特徴である。フィヒテはスピノザを評して「独断論者によれば、われわれの意識のなかに出現するすべてのものは物自体の所産［……］である。［……］首尾一貫した独断論者は必然的に唯物論者でもある」と述べており、彼がスピノザの体系に還元主義的唯物論を帰していることは明らかである（cf. 入江 2014, pp. 204–205.）。またシェリングは『自由論』において、スピノザの体系の誤りは「世界存在者の、いやそれどころか、無限な実体そのものの――それもまたスピノザにとってはまさに一つの物（ein Ding）である――抽象的な概念把握のうちに」あると批判する（藤田（訳）『自由論』, p. 94.）。ここでの「物（Ding）」がラテン語の res のように精神・身体を問わないものではなく単に物体的事物を指していることは、前後の文脈から明らかである。[2][3]

　このように、スピノザの哲学は唯物論の体系として受け取られてきた一方で、観念論の体系として読解する向きもある。近年デラ・ロッカは、充足理由の原理（通称 "PSR"。なおこの語をスピノザ自身が用いたわけではない）をスピノザの体系の根本原理とみなすことで、観念論に引きつけた読解を行っている。こうした動向をまとめたニューランズの論考によれば、一九世紀末にジョアキム、ポロックらイギリス観念論の影響を受けたスピノザ研究者たちが、スピノザの体系において思惟属性を特権視する解釈を打ち出した（Newlands 2011, p. 111）。この潮流は、分析哲学の興隆によって一度途絶えたが、近年デラ・ロッカによって提示された解釈は、思惟属性を重視する点でそれらと軌を一にしているとニューランズは整理している（Ibid., p. 114–115）。実際、デラ・ロッカは以下のように言う。「私たちは受動感情を持っているかぎり完全には存在しない、という主張は、スピノザにとって存在と知解可能性とが等価であることに部分的には起因しているのであり、彼はそれ［存在と知解可能性が等価であるという考え］をPSRによって抱くのである」（Della Rocca 2008, p. 52）。デラ・ロッカによれば、スピノザの哲学のうちには充足理由の原理へのコミットメントが見出されるので、あらゆる存在は充足理由によって説明されうるものでなければならなくなる。その結果、存在と説明可能性、言い換えれば知解可能性とが限りなく接近し、ついにはそれらの完全な等価性へと至り着く。ニューランズの指摘するように、存在が知解可能性へと還元されることは、「きわめて観念論的である」（Newlands 2011, p. 115）[4]。では実際のところ、スピノザの体系は唯物論なのだろうか、それとも観念論なのだろうか。どちらでもな

（2）　こうした解釈は不当なものであると私たちは考えるが、しかし、そう解釈させるだけの要因がスピノザにまったくないとは言えない。先の引用におけるベネットの主張にふたたび着目しよう。ベネットはそこで、第一部すなわち実体一般についての議論を実質的に延長実体についてのものとみなしていた。そして彼はその根拠として、第一部のいくつかの備考において延長実体の例が用いられているというテクスト的事実を挙げている（Bennett 1984, p. 126）。しかし、そのことを以て『エチカ』における実体一般を延長実体と同一視することが許されると考えるべきではない。というのも、第一部においてしばしば物体的実体に言及されていたのは、それが分割不可能であったり、神の属性の一つに数え入れられたりするという主張が、同時代人たちの見解に反するものであったからである。スピノザはこうした主張の受け入れられ難いことを自覚していたために、定理において実体一般について述べた上で、備考において個別に延長属性におけるケースを説明する必要を感じていたと考えるべきであろう。

（3）　これらとは別に、マルクス主義の立場からスピノザの体系を唯物論的に解釈することも試みられてきた。cf. 鈴木一策「〈補論〉アルチュセール学派とスピノザ主義」（マシュレ『ヘーゲルかスピノザか』所収）: Tosel, A., *Du matérialisme de Spinoza*, 1994.

（4）　また、ニューランズはデラ・ロッカの解釈を「存在することは概念されることである（to be is to be conceived）」という定式によっても表現している。Newlands 2011, p. 115.

い、というのが私たちの答えである。スピノザの体系は、心的なものを物体的なものに還元することもないし、反対に、物体的なものを心的なものに還元することもないからだ。私たちはそれを、「観念の実在論」の体系と呼ぼう。第四章で確認したように、観念は思惟属性の様態であるので、延長を含むそれ以外の属性からの干渉を一切受けない。それは純粋に心的なものである。しかし、第六章で指摘したように、スピノザにおける観念には〈事物性〉がある。『エチカ』の体系においては、観念の「形相的有」の側面は重くとられ、その結果、観念は別の観念を形相的に産出することもできるし、観念の対象となることもできるものとなる。そのようなものは、物体的事物と同様に「事物」の資格を持つ。このように、純粋に思惟に属するものでありながら、それが物体的事物とまったく同じ仕方で「事物」として現に存在しているもの、それが「観念」なのである。私たちは、観念という心的なものもまた事物として現に存在している体系を指して、「観念の実在論」と呼ぶのである。

以上、本書が明らかにしたことをまとめ、さらに、そこからの発展的考察を述べた。最後に、本書で扱いきれなかったいくつかの論点について言及しておこう。一つは、デカルトとスピノザの主著における思想同士の比較という本書の手法に関わる。本書は『省察』と『エチカ』の分析に重心を置いていたため、スピノザの初期著作はあくまで補助的に参照するにとどまっていた。しかし、スピノザがデカルトから被った影響をより精確に解明するためには、両者の主著同士の単純な比較だけでなく、デカルトからの影響がより顕著な初期思想を精読する必要がある。とりわけ、本書の関心は観念と形而上学的体系との関係にあるので、スピノザの初期の体系構想を伝える『短論文』を詳細に取り扱うべきだったように思われる。しかし、『短論文』は同じく初期の『知性改善論』と比べて、世界的に見てもそれほど研究の進んでいない著作であり、本書で本格的に扱うことは断念せざるを得なかった。さらに、スピノザの初期著作だけでなく、一七世紀のオランダにおけるデカルト主義の思潮もまた、スピノザによるデカルト受容の実態に迫るために踏まえておくべき文脈である。スピノザの思想は、「オランダ・デカルト主義」に数え入れられるような多くの思想家や神学者たちとの相互交流を通じて練り上げられていったものだからだ。(5) デカルト哲学（ないしデカルト主義）を対照軸としてスピノザの哲学の特異性を浮き彫りにすることは、本書が示したような一定の成果をもたらすものであるように思われるが、スピノザの初期思想および同時代のオランダ・デカルト主義思想の内実を解明することは、この方向での探求をより深めることに資するだろう。

このようなスピノザを直接取り巻いていた知的環境を明らかにする方向の他に、より広い哲学史の文脈へと置き直す試みもさらに推し進められるべきだろう。本書の試みは、スピノザの観念説に着目することを通じて、一七世紀にきわめて重要かつ大きな広がりを見せていた観念説という問題系そのものの一端を明らかにするものであった。また反対に、そうした同時代の観念説のいくつかの類型と突き合わせることによってスピノザの観念説の特異性を浮かび上がらせることも試みた（特に第三章でこれを行っている）。しかし、扱うことのできた哲学者はデカルト、ロック、マルブランシュ、アルノーにとどまり、また彼らの観念説について踏み込んだ分析を行えたとは言い難い。本書の関心から言えば、今後取り組まれるべきは、とりわけ以下の二点である。まず、スピノザとアルノーとの比較である。第三章で指摘したように、アルノーは観念を精神による知覚作用

(5) オランダ・デカルト主義そのものについての研究は Thijssen-Schoute, C., *Descartes et le cartésianisme hollandais*, 1951 を皮切りに行われてきたが、スピノザと関係づける観点からの研究が現れたのはより最近のことであり、早い例としては Scribano, E., *Da Descartes à Spinoza*, Franco Angeli, 1988 にヴィティッヒやフェルトゥハウゼンへの言及がある。より主題的に扱ったものとしては、van Bunge, *From Stevin to Spinoza*, 2001 や Douglas, A., *Spinoza and Dutch Cartesianism*, Oxford University Press, 2015 がある。

として捉えており、すべての観念に肯定作用を帰属させるスピノザと、観念を何らかの「はたらき」とみなす点で共通している。それゆえ、アルノーとの比較を通じて、単に観念の力動性を強調するだけにとどまらないスピノザの観念説の特異性がいっそう明らかにされなければならない。この論点については、たとえばスクリバーノが論じているが（« Le spinozism d'Arnauld », 1996）、日本ではアルノーの知名度の低さも相まって、ほとんど全く研究されていない点である。もう一つは、イギリス経験論、特にバークリの観念説との比較である。バークリの体系とスピノザの体系とは、観念とその対象との結びつきを厳格に断ち切ろうとする方向において一致している。ただし、バークリは心的なものと物質的なものとを存在論的に同等のものだとは考えず、むしろ物質的なものを観念へと還元しようとする点において、スピノザとは異なる。(6) 観念は外的な物体からいかなる因果作用も被らないと考える点では両者は共通しているにもかかわらず、そこから帰結する体系はいわゆる「観念論」と「（観念含む）実在論」というまったく異なるものになっている。この差違の原因として、バークリは心と観念とを明確に区別していたことが挙げられるかもしれない。(7) しかし、ここで言えることは見通しにすぎず、両者の本格的な比較のためにはさらなる詳細な検討を要するだろう。日本の近世哲学研究においてはイギリス哲学と大陸哲学は従来、別個の研究領域とみなされてきたこともあり、矢嶋による諸論考など少数の例外を除き、両者にまたがる研究はあまりなされてこなかった。(8) しかし、たとえばバークリの観念説にはマルブランシュからの強い影響が指摘されており（e.g. Luce, *Berkeley and Malebranche : A Study in the Origins of Berkeley's Thought*, 1934）、また、序論で述べたように、シュールマンによる、デカルトからロックへ、そしてデカルト＝ロック的観念説のオランダへの逆輸入による「新論理学」の展開を描き出す研究もある。観念説は、とりわけ顕著に、大陸とイギリスとの相互影響関係の中での展開が見られる領域である。こうした鳥瞰的視点からの探究もまた、スピノザおよび同時代のオランダの知的状況へ分け入っていくミクロな視点からの探究と同様に、今後なされるべき課題である。それらの課題に取り組むための基礎を、本書は提供するものと信じる。

（6） 山川によれば、バークリの非物質論は「「物」とは、われわれが持つさまざまな観念の集合体にほかならない」という「集合体テーゼ」を含む。山川 2018, pp. 27–29.

（7） 山川はこれを「相異性テーゼ」と呼んでいる（山川 2018, pp. 29–31）。つまり、従来心とその対象（外的事物）との間に成り立っていた関係を、バークリは心と観念との間の関係に移し替えているのである。このことによって、心が何らかの（心とは別の）対象を認識するという図式は保持しつつ、物質的世界を消去することが可能になっているように思われる。

（8） E.g. 矢嶋直規「「神即自然」と「人間に固有の自然」――ヒュームのスピノザ主義」『スピノザーナ』第一五号, pp. 47–67, 2017.

初出一覧

序　章　書き下ろし

第一章・第二章　「デカルトにおける観念の二義性の意義——観念の形相的実在性を中心に」『哲学の門——大学院生研究論集』第四号、一二一—一三二頁、二〇二二年、「精神を「かたちどる informare」ものとしての観念——『省察』第二答弁附録「諸根拠」定義2再考」、日仏哲学会春季大会、オンライン、二〇二二年三月

第三章　「近世的「観念」概念の展開におけるスピノザの位置——デカルトをいかに改革したか」『Scientia : Journal of Modern Western Philosophy』第一号、二九—四六頁、二〇二一年

第四章　書き下ろし

第五章　「スピノザ平行論の起源？——『短論文』における神論を中心に」日仏哲学会春季大会、早稲田大学、二〇二三年三月

第六章　「「事物（res）」としての観念——スピノザ観念説の特異性の所在」『哲学論叢』第四八号、一—一四頁、二〇二一年

第七章　書き下ろし

第八章　“Being Affected as Epistemological Strategy in Spinoza's *Ethics*”, World Congress of Philosophy, Sapienza Università di Roma, August 2024.

結　論　「スピノザは唯物論者か」、日本哲学会第一回秋季大会、オンライン、二〇二一年九月（大幅な加筆

を含む）

あとがき

本書は、二〇二三年十二月に京都大学に提出された課程博士論文「スピノザにおける観念の形而上学」を改稿したものである。主査の大河内泰樹先生をはじめ、審査を引き受けてくださった周藤多紀先生、早瀬篤先生、そして東京大学の鈴木泉先生に心から御礼申し上げる。指導教員である大河内先生には、論文内容のことにとどまらず、出版や留学の段取りといったプラクティカルな事柄についてこまめに相談に乗っていただいた。そうしたサポートなしには、本書が出版に漕ぎつけることはなかっただろう。周藤先生と早瀬先生には、いくつかの重要な概念について、その哲学史的な来歴を踏まえたコメントをいただいた。鈴木先生には、ご多忙の中審査のためにわざわざ京都までご足労いただき、細部の論証の不備や、著者が自覚的でなかった本研究の意義など、多岐にわたるたいへん有益なご指摘をいただいた。それらのコメントなしには本書は今の形ではありえなかっただろう。まずは諸先生方へ篤く御礼申し上げる。また、博士論文を出版するということについて、京都大学文学研究科西洋近世哲学史専修の先輩である太田匡洋さんに相談に乗っていただいた。太田さんには出版のことにとどまらず、同専修に初めて所属した約十年前から今日に至るまで、数えきれない場面で助けていただいた。間違いなく最もお世話になった先輩であり、感謝してもしきれない。

博士論文を実際に書き始めるきっかけとなったのは、友人の濱田明日郎さんに、「もし来年博論を出すつもりなら、執筆のための互助グループに入らないか」と声をかけてもらったことである。私はまだ博士論文を書き上げる心づもりはできていなかったが、「これを逃せば博士論文を永久に出せないような気がする」という直感が働いた。結果的に、互助グループに加えてもらったことは大正解だった。そこでは磯島浩貴さんという素晴らしい研究者・友人と新たに知り合い、三人でときに批判し合い、ときに励まし合って博士論文を書き上げることができたからである。博士論文の提出後、出版のための加筆・修正は、自らの不足に向き合わざるを得ないつらい作業だったが、このつらい作業には、岡田悠汰さんが付き合ってくれた。岡田さんは出版に対してしばしば弱気になっていた私を励ましてくれると同時に、議論の不備を忌憚なく指摘してくれるたいへんありがたい友人である。こうした友人たちと知り合い、苦楽を共にできたことは、私の大学院生活でもっとも幸運なことであった。

本書のもととなった論文の執筆に際しては、学内だけでなく、学外の研究会に負うところも大きい。まずは、スピノザやとりわけデカルトの専門家の方々と議論することのできる貴重な場であった京都哲学史研究会について。私が少しでも専門性というものを獲得できたとすれば、それは同会でしばしば発表の機会をいただき、参加者の皆さんの批評の目に晒されたおかげである。ここでは特に、平松希伊子先生、武田裕紀先生、そして同会に誘ってくれた橘英希さんのお名前を挙げておきたい。また、二〇二一年に発足したスピノザ勉強会では、スピノザ研究に関するあらゆる事柄を気軽に相談・議論することができた。笠松和也さん、立花達也さん、樋口朋子さん、林智行さん、真野雄大さんには、本書の内容について検討していただき、有益なコメントをいただいた。

研究そのものからは少し離れるが、大学院時代の、特に博士課程前半までの記憶は、アルバイトの記憶と切り離すことができない。無計画に大学院進学を決めてしまったせいで、当然ながら進学・生活資金が不足し、様々なアルバイトを掛け持ちすることになった。料亭、図書館、銭湯、家庭教師等々、それぞれの職場に、私にご飯を食べさせてくれた人がおり、別のよりよい仕事を斡旋してくれた人がおり、生活の相談に乗ってくれた人がいた。こうした経済的な問題を当時相談することができたもっとも身近な先輩である、山森真衣子さんへの感謝もここに記しておきたい。また、本書のもととなった研究は、京都大学大学院教育支援機構プログラム（二〇二一年十月―二〇二二年三月）、日本学生支援機構奨学金　特に優れた業績による返還免除（全額免除）、日本学術振興会特別研究員奨励費「スピノザ哲学の源泉としてのオランダ・デカルト主義――観念の実在をめぐって」（研究期間　二〇二二年四月―二〇二四年三月）および日本学術振興会特別研究員奨励費「オランダ・デカルト主義思想を背景としたスピノザ『短論文』研究」（研究期間　二〇二四年四月―）の支援を受けて行われたものである。そうした支援があったからこそ、途中で学問をやめずに済んだ。

さて、そのように資金をなんとか調達してまで哲学史を、スピノザ哲学を学びたいと思ったのはなぜか。私にとって決定的だったのは、学部三回生から修士二回生までのあいだ指導教員としてお世話になった福谷茂先生による、「近世哲学史」の概説講義である。そこでは、近世哲学の歴史がまさしく「ストーリー」として目の前に展開され、そのダイナミックなうねりの中に私はすっかり引き込まれてしまった――というより、強制的に引き摺り込まれた、と言ったほうが実感に近い。そこで取り上げられたいく人かの哲学者の中で、ひときわ光って見えたのがスピノザだった。徹底して理詰めでものを考えているように思えて、すがすがしく感じたのである。そうして哲学史研究を始め、大学院に進学し、「飽きたらやめよう」と思い続けて八年が経った。これからも飽きるまでは、スピノザのテクストに付き合い続けるだろう。

本書の最終的な仕上げは、オランダのフローニンゲン大学での研究滞在期間中になされた。新しい研究プロジェクトとの両立に悩む私に、Andrea Sangiacomo 先生は自分も似たような経験があると話してくれ、気を楽にしてくれた。初めての海外暮らしの孤独を慰めてくれたのは、辻井麻莉さんら友人たちとのお喋りであった。私の渡航から半年後、夫の恵介は共に暮らすために仕事を辞め、フローニンゲンに来てくれた。この決断ができるところを尊敬しているし、心から感謝している。また、私を良い意味で放っておいてくれる両親にも感謝している（残念ながら現在でもなお、女性にとってこれは意外と得難い状況だ）。本書の出版に際しては、令和六年度京都大学人と社会の未来研究院若手出版助成、ならびに京都大学大学院文学研究科の『卓越した課程博士論文の出版助成制度』による助成を受けた。これらの支援にも感謝申し上げたい。最後に、たいへん丁寧で緻密なプロの編集の仕事をしてくださった、京都大学学術出版会の國方栄二さんにも篤く御礼申し上げる。多くのかたにご支援いただいた本書だが、もちろんその瑕疵はすべて私自身にある。批判しやすい本こそ良い本であり、そして批判しやすい本とは何を主張したいか明白な本だと考えているので、本書もなるべくそうなるよう書いたつもりだ。間違っていると思われる点、疑問に思われる点は、ぜひご指摘いただければと思う。本当にたくさんの幸運が重なって本書を世に出すことができた。私はあえて「幸運」と言いたい。すべては必然だとスピノザは言うだろうが。

二〇二五年一月　フローニンゲン近郊の町ハーレンにて

榮福真穂

索　引

人名索引

事項索引

「サ」

「タ」

「ナ」

「ハ」

『エチカ』出典箇所索引

ax＝公理（axioma）
c＝系（corollarium）
d＝証明（demonstratio）
def＝定義（definitio）
e＝説明（explicatio）
p＝定理（propositio）
s＝備考（scholium）。
例：E2p49s＝『エチカ』第二部定理四九備考

Spinoza's Theory of Ideas

Maho EIFUKU

This book aims to clarify the meaning, historical significance, and scope of "theories of ideas", the series of accounts on "ideas" by Baruch de Spinoza, a seventeenth-century Dutch philosopher. First, Spinoza's theory of ideas was influenced by René Descartes to a degree such that it is almost impossible to understand without it. For this reason, I begin by exploring and attempting to grasp the Cartesian theory of ideas, and then seek to elucidate the uniqueness of Spinoza's. As shown in the subsequent chapters, Spinoza's account emphasizes the *existence* or *reality* of ideas themselves. At this point, I argue that Spinoza's theory of ideas is as unique as the philosophical system that underpins this theory, compared with his contemporaries, including Descartes.

The discussion proceeds as follows. Part I explores Descartes' theory of ideas, focusing on two of its aspects, which he calls "aequivocatio". In Descartes' philosophy, the role of ideas is interpreted as a lever for transcending from the subjective to the objective realm, which is a general tendency in the reading of *Meditations*. Such interpretations often center on the a posteriori proof of the existence of God in the Third Meditation. As pointed out by commentators, the certainty of the content of the idea of God held by the "thinking I" guarantees the certainty of the existence of God himself as its cause. In this process, we can clearly see a progression from idea to existence. As shown in Chapter 1, the objective reality of ideas plays an explicitly important role in this progression. However, in the same proof, ideas are not only distinguished from the existence of external things and reflect them, but also endowed with a kind of "existence" in themselves. Although not explicitly stated, this holds significant meaning. This overlooked aspect forms the core of my interpretation of Descartes (and simultaneously serves as a necessary premise for understanding Spinoza's theory of ideas), discussed in Chapter 2. Finally, Chapter 3 surveys and organizes the positions of their contemporary and eminent philosophers, including Malebranche, Arnauld, and Locke—who developed their theories of ideas under Descartes' influence—in regard to which one of the two aspects of ideas they emphasized. I then examine Spinoza's position within the context of these "post-Cartesian" theories of ideas.

Part II of this book investigates how Spinoza inherited and deviated from Des-

cartes' dual-aspect theory of ideas to develop his own unique theory. The key point here is that, while Spinoza accepted Descartes' duality of ideas, he emphasized the formal over the objective aspect, contrary to Descartes. In other words, Spinoza explicitly takes the existence of ideas into account. However, overlooking the issue of the existence of ideas also applies to Spinoza's studies. In Spinoza's scholarship, when his theory of ideas is thematized, it is always considered in the context of his theory of truth. Briefly, Spinoza's theory of truth does not adopt the so-called "correspondence theory", but instead, guarantees truthfulness through the internal marks of true ideas. This epistemological and truth-theoretical aspect undoubtedly constitutes a notable feature of Spinoza's theory of ideas. Yet, a more fundamental question arises before addressing the truth or falsity of ideas : what, fundamentally, is the *existence* of ideas? For Spinoza, this question is particularly significant because ideas are not necessarily held in the human mind ; they exist primarily in God, independent of the human mind. In Spinoza's framework, being in God also means being in substance or the world. The primary existence of ideas within God or the world necessitates an ontological investigation of his theory of ideas. Against this backdrop, Part II explores the problem of the existence of ideas in Spinoza. The central question addressed is : what is the ontological status of ideas in Spinoza's system? The answer, in short, is that ideas are "modes of thought" — in other words, they are "singular things (res singularis)". While this answer may seem trivial because it seems to be drawn from *Ethics*, what it means for ideas to be modes of thought, and their implications, remains less obvious and unexplored in prior studies. This book seeks to capture precisely Spinoza's claim that ideas are modes of thought and things and their consequences. At this point, we can see how Spinoza deviates from Descartes' dual-aspect framework. Chapter 4 elucidates how the Cartesian dichotomy of "formal" and "objective" aspects is reused in Spinoza's theory of ideas. This reveals their crucial role in the establishment of Spinoza's unique system of parallelism. Next, Chapter 5 examines the nature of this system of parallelism in more detail, demonstrating how the coherence of the entire system is prior to individual human cognition at each specific moment. Consequently, Spinoza's theory of ideas inevitably becomes metaphysical, which constitutes one of its defining features. Chapter 6 focuses on the causal independence within Spinoza's parallelism, as pointed out in the preceding chapter, examining its implications for his theory of ideas. By comparing this with Descartes, based on the discussions in Part I, we will find that Spinoza's significant deviation from Descartes lies in his treatment of ideas as "things" in strict meaning,

equivalent to physical objects.

Part III shifts attention from the ontological aspects of Spinoza's theory of ideas discussed in Part II to its epistemological aspects. As revealed in Part II, unlike Descartes, Spinoza emphasized the formal aspect of ideas, making the objective aspect less prominent. On the other hand, in Chapter 4, I show that the objective aspect is significant as something that "opens up the epistemological horizon". What exactly does this mean? In Part III, I examine how individual cognition is realized within the epistemological foundation established at the level of the whole system. Chapter 7 clarifies the ontological status of "ideas of nonexistent entities", exploring how the parallel relationships established in E2p7 and E2p7c are subsequently applied to individual things. Through this inquiry, certain conditions under which ideas and "objective being" are equated are highlighted. However, systematic coherence and its application to individual entities alone cannot explain "false ideas", the most familiar type of ideas for us. Chapter 8 considers how false ideas arise within Spinoza's system of parallelism and how Spinoza believed that true knowledge could be attained. By again comparing this with Descartes, the surprisingly practical nature of Spinoza's epistemology, underpinned by a grand metaphysical system, is brought to light.

文献表

一次文献

Arnauld, A., *Œuvres philosophiques de Antoine Arnauld* Simon, J.（ed.）, Charpentier, 1843.

Arnauld, A. et Nicole P., *La logique ou l'art de penser*, édition critique par Clair, P. et Girbal, F., PUF, 1965（邦訳：アントワーヌ・アルノー，ピエール・ニコル『ポール・ロワイヤル論理学』，山田弘明，小沢明成訳，法政大学出版局，2021）

Descartes, R., *Œuvres de Descartes*, Adam, C. et Tannery, P.（ed.）, Vrin, 1964–1974.

Geulincx, A., *Metaphysica vera*, in Land. O. P. N.（ed.）, *Opera philosophica*, vol. 2, Martinum Nijhoff, pp. 139–198, 1892.

Goclenius, R., *Lexicon Philosophicum*, 1613.

（http://mdz-nbn-resolving.de/urn:nbn:de:bvb:12bsb11220964-9, 最終アクセス日2021/8/30）

Heereboord, A., *Hermeneia logica seu explicatio : tum per notas tum per exempla synops. logicae Burgersdicianae*, 1681.

———, *Meletemata philosophica*, 1664.

Kant, I., *Kritik der reinen Vernunft*, Felix Meiner, 1998

（邦訳：イマヌエル・カント『純粋理性批判』，石川文康訳，筑摩書房，2014）

Locke, J., *The Works of John Locke*, new edn., corrected, 10 vols., vol. iv., London, 1823.

———, *An Essay Concerning Human Understanding*, Nidditch, P. H.（ed.）, Oxford University Press, 1975.

（邦訳：ロック『人間知性論』，大槻春彦訳，岩波書店，1972）

Malebranche, N., *Œuvres complètes de Malebranche*, Robinet, A.（ed.）, Vrin, 1958–1965.

Schelling, F. W. J., *Philosophische Untersuchungen über das Wesen der menschlichen Freiheit und die damit zusammenhängenden Gegenstände*, Buchheim, T.（ed.）, Felix Meiner, 2011.

（邦訳：藤田正勝訳「人間的自由の本質とそれに関連する諸対象についての探求」『新装版　シェリング著作集 4 a』，文屋秋栄，2018）

Sergeant, J., *Transnatural Philosophy, or Metaphysicks : Demonstrating the Essences and Operations of all Beings whatever, which gives the Principles to all other Sciences. And Shewing the Perfect Conformity of Christian Faith to Right Reason, and the Unreasonableness of Atheists, Deists, Anti-trinitarians, and other Sectaries. With An Appendix, Giving a Rational Explication of the Mystery of the most B. Trinity.*,

1700.

Spinoza, B., *Opera*, Gebhardt C.（ed.）, Carl Winter, Heidelberg, 1925.

Suarez, F., *Disputationes Metaphysicae*, Georg Olms, 1965, repr : Paris, 1866（repr : 1597）.

二次文献

Alquié, F., *Leçons sur Spinoza*, La Table ronde, 2003.

———（ed.）, Descartes, R., *Oeuvres philosophique II*, Garnier, 2010, corrigée par Moreau, D., 2018.

Ariew, R. and Grene, M., "Ideas, in and before Descartes.", *Journal of the History of Ideas*, Vol. 56, No. 1（1995）: 87–106.

Bennett, J., *A study of Spinoza's Ethics*, Cambridge University Press, 1984.

Bréhier, E., *History of Philosophy : The Seventeenth Century*, translated by Baskin, W., University of Chicago Press, 1968.

Buzon. F., et Kambouchner, D., *Le vocabulaire de Descartes*, ellipses, 2011.

Carraud, V., *Causa sive ratio : La raison de la cause, de Suarez à Leibniz*, PUF, 2002.

Caston, "Intentionality in Ancient Philosophy", in *Stanford Encyclopedia of Philosophy*, 2019.

（https : //plato.stanford.edu/entries/intentionality-ancient/, 最終アクセス日2024/2/19）

Courtine, J-F., „Realitas", In *Historisches Wörterbuch der Philosophie*, edited by Ritter, J., Gründer, K., Gabriel, G., 178–185, Schwabe, 1992.

Cronin, T., J., *Objective being in Descartes and in Suarez*, Garland Publishing, 1987, repr : 1966.

Curley, E., *Spinoza's Metaphysics*, Harvard University Press, 1969.

Curley, E. and Walski, G., "Spinoza's Necessitarianism Reconsidered", In *New Essays on the Rationalists*, edited by Gennaro, R. J. and Huenemann, C., 241–262, Oxford University Press, 1999.

Danto, A., "The Representational Character of Ideas and the Problem of the External World", In *Descartes : Critical and Interpretive Essays*, edited by Hooker, M., 287–297, Johns Hopkins University Press, 1978.

Della Rocca, M., *Representation and the Mind-Body Problem in Spinoza*, Oxford University Press, 1996.

———, "The Power of an Idea : Spinoza's Critique of Pure Will", *Nôus*, 37.2（2003）: 200–231.

———, ‘Rationalism Run Amok : Representation and the Reality of the Emotions in Spinoza.’, In *Interpreting Spinoza*, edited by Huenemann, C., 26–52, Cambridge University Press, 2008.

Deleuze, G., *Spinoza et le problème de l’expression*, Minuit, 1968.

———, *Spinoza : Philosophie pratique*, Minuit, 1981/2003.

（邦訳：ジル・ドゥルーズ『スピノザ——実践の哲学』，鈴木雅大訳，平凡社，1994）

Devillairs, L., *René Descartes*, PUF, 2013.

（邦訳：ロランス・ドヴィレール『デカルト』，津崎良典訳，白水社，2018）

Douglas, A., *Spinoza and Dutch Cartesianism*, Oxford University Press, 2015.

Garrett, D., *Necessity and Nature in Spinoza’s Philosophy*, Oxford University Press, 2018.

Gilson, Étienne, *DEA HL, AUGUSTINUS : Der Lehrer des Abendlandes/DER HL, THOMAS VON AQUIN : Doctor sommunis*, Ferdinand Schöningh, 1954.

（邦訳：ジルソンとベーナー『アウグスティヌスとトマス・アクィナス』，服部英次郎ほか訳，みすず書房，1981）

———, *Index scolastico-cartésien*, Vrin, 1960.

Gueroult, M., *Descartes Selon l’Ordre Des Raisons*, tome I, Aubier Montaigne, 1953.

———, *Descartes Selon l’Ordre Des Raisons*, tome II, Aubier Montaigne, 1953.

———, *Spinoza I—Dieu.*, Aubier, 1968.

———, *Etudes sur Descartes, Spinoza, Malebranche et Leibniz*, George Olms, 1970.

———, *Spinoza II—L’âme.*, Aubier, 1974.

Jaquet, C., *Affects, Actions and Passions in Spinoza : The Unity of Body and Mind*, Translated by Reznichenko, T., Edinburgh University Press, 2018.

Knuuttila, S., “Time and Modality in Scholasticism”, In *Reforging the Great Chain of Being*, edited by Knuuttila, S., 163–257, Reidel, 1981.

Lærke, M., “Aspects of Spinoza’s theory of essence : formal essence, non-existence, and two types of actuality”, In *The Actual and the Possible : Modality and Metaphysics in Modern Philosophy*, edited by Sinclair, M., 11–44, Oxford University Press, 2017.

Lagerlund, H., “Mental Representation in Medieval Philosophy”, in *Stanford Encyclopedia of Philosophy*, 2013.

（https : //plato.stanford.edu/entries/representation-medieval/, 最終アクセス日2024/2/19）

Lalande, A., *Vocabulaire technique et critique de la philosophie*, Vol. 2 N-Z, PUF, 1997.

Lovejoy, A., O., *The Great Chain of Being*, Harvard University Press, 1936.

（邦訳：A. O. ラヴジョイ『存在の大いなる連鎖』，内藤健二訳，筑摩書房，2013）
Luce, A., A., *Berkeley and Malebranche : A Study in the Origins of Berkeley's Thought*, Oxford University Press, 1934.
Macherey, P., *Hegel ou Spinoza*, La Découverte, 2007（repr ; 1990）.
（邦訳：P. マシュレ『ヘーゲルかスピノザか』，桑原禮彰，鈴木一策訳，新評論，1986）
———, *Introduction à l'Ethique de Spinoza. La deuxième partie. La réalité mentale*, éditions PUF, 1997.
Marrone, F., *Realitas objectiva. Elaborazione e genesi di un concetto*, Edizioni di Pagina, 2018.
Marshall, E., *The Spiritual Automaton Spinoza's Science of the Mind*, Oxford University Press, 2013.
Melamed, Y., *Spinoza's Metaphysics : Substance and Thought*, Oxford University Press, 2013a
———, "Spinoza's metaphysics of thought : parallelisms and the multifaceted structure of ideas", *Philosophy and Phenomenological Research*, vol. 86–3（2013b）: 636–683.
———, Y., "A Glimpse into Spinoza's Metaphysical Laboratory : The Development of the Concepy of Substance and Attribute", In *The Young Spinoza*, edited by Melamed, Y., 272–286, Oxford University Press, 2015.
Mignini, F., Moreau, P.-F., Suchtelen, van G.（ed.）, *Spinoza's early writings : Studia spinozana* vol. 4, Königshausen & Neumann, 1988.
Mignini, F.（ed.&tr.）, *Korte Verhandeling van God, de Mensch en deszelves Welstand : Breve Trattato su dio, l'uomo e il suo bene*, Japadre Editore 1986.
Mignini, F.（ed.）, *Dio, l'uomo, libertà : Studi sul "Breve Trattato" di Spinoza*, Japadre Editore, 1990.
Mikkeli, "Giacomo Zabarella", in *Stanford Encyclopedia of Philosophy*, 2024.
（https : //plato.stanford.edu/entries/zabarella/, 最終アクセス日：2024/2/19）
Monaco, D., "A New Account of the Objective-Formal Distinction in Spinoza's Parallelism Theory", In *The Concept of Affectivity in Early Modern Philosophy*, edited by Boros, G., Szalai, J. and Toth, O., I., 89–103, Eötvös Loránd University Press, 2017.
Moreau, J., « Spinoza est-il moniste? », *Revue de théologie et de philosophie*, t. 115（1983）: 23–35.
Moreau, P., F., *Spinoza et le spinozisme*, PUF, 2019.
（邦訳：P. F. モロー『スピノザ入門［改訂新版］』，松田克進，樋口善郎訳，白水社，2021）

Nadler, S., *Arnauld and the Cartesian Philosophy of Ideas*, Manchester University Press, 1989.

Newlands. S., "More Recent Idealistic Readings of Spinoza", *Philosophy Compass*, 6 (2) (2011): 109–119.

Perler, D., "Spinoza on Skepticism", In *The Oxford Handbook of Spinoza*, edited by Della Rocca, M., 220–239, Oxford University Press, 2013.

Renz, U., "The Definition of the Human Mind and the Numerical Doifference between Subjects (2p11–2p13s)" In *Spinoza' Ethics : A Collective Commentary*, edited by Hampe, M. et al., 99–118, Brill, 2011.

———, *The Explainability of Experience : Realism and Subjectivity in Spinoza's Theory of the Human Mind*, Oxford University Press, 2018.

Rodis-Lewis, G., *I'individualité selon Descartes*, Vrin, 1950.

Sangiacomo, A., *Spinoza on Reason, Passions, and the Supreme Good*, Oxford University Press, 2019.

Schuurman, P., *Ideas, mental faculties and method : the logic of ideas of Descartes and Locke and its reception in the Dutch Republic, 1630–1750*, Brill, 2004.

Scribano, E., *Da Descartes à Spinoza*, Franco Angeli, 1988.

———, « Le spinozisme d'Arnauld », In *Disguised and Overt Spinozism Around 1700*, edited by van Bunge, W. and Klever, W. 291–304., Brill, 1996.

———, « Descartes et les fausses idées », *Archives de Philosophie*, 64–2 (2001): 259–278, 2001.

Sévérac, P., *Qu'y a-t-il de matérialiste chez Spinoza?*, HDiffusion, 2019.

Smith, K., "Descartes' Theory of Ideas", in *Stanford Encyclopedia of Philosophy*, 2017.
(https://plato.stanford.edu/entries/descartes-ideas/, 最終アクセス日2021/8/20)

Sorrel, T., *Descartes : A Very Short Introduction*, Oxford University Press, 2000.

Steenberghen, F., V., *Le thomisme*, PUF, 1983.
(邦訳：F. V. ステンベルゲン『トマス哲学入門』，稲垣良典，山内晴海訳，白水社，1990)

Thijssen-Schoute, C., *Descartes et le cartésianisme hollandais*, 1951.

Tosel, A., *Du matérialisme de Spinoza*, Éditions Kimé, 1994.

van Bunge, W. *From Stevin to Spinoza : An Essay on Philosophy in the Seventeenth-Century Dutch Republic*, Brill, 2001.

———, Krop, H., Steenbakkers, P. (ed.), *Continuum Companion to Spinoza*, Bloomsbury Publishing, 2011.

Wells, N., J., "Material Falsity in Descartes, Arnauld, and Suarez", *Journal of the History*

of Philosophy, XC（1984）: 25–50.
Wilson, D., M., *Descartes*, Routledge, 2005（repr；1978）.
Winkler, S., "Parallelism and the Idea of God in Spinoza's System", *Idealistic Studies*, vol. 48–2（2018）: 149–173.
Yolton, J. W., J*ohn Locke and Wat of Ideas*, Oxford University Press, 1968（repr；1956）.
———, "Ideas and Knowledge in Seventeenth-Century Philosophy", *Journal of History of Philosophy*, XII–2（1975）: 145–165.
Zigouras, J., "Spinoza and the Possibility of Error", *Forum Philosophicum*, vol. 12–1（2017）: 105–118.
Zourabichvili, F., *Spinoza. Une physique de la pensée*, PUF, 2007.

秋保亘『スピノザ――力の存在論と生の哲学』，法政大学出版局，2019.
入江幸男「フィヒテによるスピノザ批判」，『思想』第1080号（2014）：200–218.
上野修『スピノザの世界――神あるいは自然』，講談社，2005.
———，「思想の言葉」，『思想』，第1080号（2019）：3–6.
榮福真穂「『省察』の観念説における質料形相論」，『フランス哲学・思想研究』，第27号（2022）：168–178.
神野慧一郎『イデアの哲学史――啓蒙・言語・歴史認識』，ミネルヴァ書房，2011.
木田直人『ものはなぜ見えるのか』，中央公論新社，2009.
小林道夫『デカルト哲学の体系』，勁草書房，1995.
佐藤一郎『個と無限――スピノザ雑考』，風行社，2004.
佐藤義之ほか編『観念説と観念論――イデアの近代哲学史』，ナカニシヤ出版，2023.
下村寅太郎ほか編『ライプニッツ著作集９　後期哲学』，工作舎，1989.
———，『ライプニッツ著作集８　前期哲学』，工作舎，1990.
所雄章『デカルト「省察」訳解』，岩波書店，2004.
冨田恭彦『観念説の謎解き――ロックとバークリをめぐる誤読の論理』，世界思想社，2006.
檜垣良成「Realitätの二義性――中世から近世へと至る哲学史の一断面」，『近世哲学研究』19号（2015）：1–39.
平井靖史「スピノザにおける二つの平行論と観念の観念――必然主義のもとでの倫理の可能性をめぐって」，『スピノザーナ』第３号（2001）：69–90.
福居純『デカルトの「観念」論』，知泉書館，2005.
藤沢令夫『プラトンの哲学』，岩波書店，1998.
藤江泰男「アルノー・マルブラーンシュ論争――イデー理解の対立を中心にして」，『一

橋研究』第 9 巻第 1 号（1984）：105–118.
松枝啓至『デカルトの方法』，京都大学学術出版会，2011.
松田克進『スピノザ学基礎論――スピノザの形而上学　改訂版』，勁草書房，2023.
武藤整司「デカルトにおける「質料的虚偽」概念の検討」，『高知大学学術研究報告　人文科学』41号（1992）：253–264.
村上勝三『観念と存在』，知泉書館，2004.
三浦隼暉「後期ライプニッツにおけるモナドの支配―従属関係について」，京都大学哲学研究室『論集』38号（2019）：55–68.
三上航志「デカルトにおける「心身の合一」について」『フランス哲学・思想研究』第27号（2022）：191–202.
矢嶋直規「「神即自然」と「人間に固有の自然」――ヒュームのスピノザ主義」『スピノザーナ』第15号（2017）：47–67.
山内志朗「アドリアヌス・ヘーレブール『哲学探究』について」，『人文科学研究』（新潟大学人文学部紀要）第116輯（2005）：57–73.
――――，『「誤読」の哲学――ドゥルーズ、フーコーから中世哲学へ』，青土社，2013.
山川仁『孤独なバークリ――非物質論と常識』，ナカニシヤ出版，2018.
山田弘明『デカルト「省察」の研究』，創文社，1994.
――――，「コギト・観念・真理」，『名古屋大学文学部研究論集　哲学』，（1998）：1–24.
――――（訳），『省察』，筑摩書房，2006.
吉田健太郎「デカルト形而上学における「思惟」概念について」，『愛知教育大学研究報告』62号（2013）：43–51.

著者紹介

榮福真穂（えいふく　まほ）

1995年宮崎県生まれ。京都大学大学院文学研究科博士後期課程修了。博士（文学）。現在、フローニンゲン大学哲学部哲学史学科客員研究員、日本学術振興会海外特別研究員。

主な論文

「『省察』における質料形相論」（『フランス哲学・思想研究』27号、2022年、日仏哲学会若手研究者奨励賞受賞）、「デカルトにおける観念の二義性の意義――観念の形相的実在性を中心に」（『哲学の門：大学院生研究論集』 4号、2022年）、「事物（res）としての観念――スピノザ観念説の特異性の所在」（『哲学論叢』48号、2021年）、「近世的「観念」概念の展開におけるスピノザの位置――デカルトをいかに継承し改革したか」（『Scientia』 1号、2021年）、«Du concept de «forme» dans l'individualité chez Baruch Spinoza»（『Prolegomena：西洋近世哲学史研究室紀要』 8号、2017年）など。

（プリミエ・コレクション 134）

スピノザの観念説

2025年３月31日　初版第一刷発行

著　者　榮　福　真　穂
発行人　黒　澤　隆　文

発行所　京都大学学術出版会

京都市左京区吉田近衛町69番地
京都大学吉田南構内（〒606-8315）
電　話（０７５）７６１－６１８２
ＦＡＸ（０７５）７６１－６１９０
ＵＲＬ　http://www.kyoto-up.or.jp
振　替　０１０００－８－６４６７７

ISBN978-4-8140-0580-2
Printed in Japan

印刷・製本　亜細亜印刷株式会社
定価はカバーに表示してあります
装幀　谷　なつ子